U0454527

阅 读 成 就 思 想……

Read to Achieve

与时间和风口做朋友

做朋友

股权投资策略与思维

于智超——著

中国人民大学出版社
· 北京 ·

图书在版编目（ＣＩＰ）数据

　　与时间和风口做朋友：股权投资策略与思维 / 于智
超著. -- 北京：中国人民大学出版社，2023.6
　　ISBN 978-7-300-31768-7

　　Ⅰ．①与… Ⅱ．①于… Ⅲ．①股权－投资基金 Ⅳ．
①F830.59

　　中国国家版本馆CIP数据核字(2023)第098363号

与时间和风口做朋友：股权投资策略与思维

于智超　著

YU SHIJIAN HE FENGKOU ZUOPENGYOU: GUQUAN TOUZI CELUE YU SIWEI

出版发行	中国人民大学出版社	
社　　址	北京中关村大街 31 号	**邮政编码**　100080
电　　话	010-62511242（总编室）	010-62511770（质管部）
	010-82501766（邮购部）	010-62514148（门市部）
	010-62515195（发行公司）	010-62515275（盗版举报）
网　　址	http://www.crup.com.cn	
经　　销	新华书店	
印　　刷	北京联兴盛业印刷股份有限公司	
开　　本	890 mm×1240 mm　1/32	**版　次** 2023 年 6 月第 1 版
印　　张	7.125　插页 2	**印　次** 2023 年 6 月第 1 次印刷
字　　数	130 000	**定　价** 79.00 元

版权所有　　　侵权必究　　　印装差错　　　负责调换

推荐序

张喜芳

清华大学五道口金融学院业界导师、硕士生导师

复旦大学、中央财经大学校外硕士生导师

社环会（美丽中国健康中国论坛秘书处）执行副会长

春暖花开之际，智超先生请我给他的新书作序。我想，自己在投资领域虽然时间长，但正在被时代淘汰的路上。写序这种既大也小的要求，我也没法拿糖，于是就厚着脸皮写几句吧。

与智超先生相识是在数年前，他来我办公室小坐。当时对他的第一印象是憨厚。本想倚老卖老，讲点投资故事给他听，但一聊下来发现后生可畏：他的脑回路实在是比一般人要多几条，是个既聪明又年轻的金融投资才俊，很有自己的想法。后来成为同事后，我发现他是个工作狂，业务超级忙，酒局也不少，码字还挺快，关键是码出来的字集合成册还能成为畅销书。其所著的《投资人的逻辑：投融资策略与上市思维》和《股权投资术：人

人都学得会的股权财富课》是很多喜欢股权投资的人士的必读之作，也在财经类图书榜单上霸过榜。

过去的一年多，我淡出江湖，喝茶、练习书法，闲来也在写书，但我不如智超，确实写不出什么专业著述，只好自顾自地把易经给"剥了一遍洋葱"。2022 年底，一位著名经济学家老大哥一再训斥我退休太早，劝我去唐山做点事，于是我半推半就地去了。老大哥带我去了一趟唐山附近的南湖和菩提岛，这一看这哪是传说中挖煤炼钢的城市啊，明明是北方江南。这里民风淳朴，风景秀美，底蕴丰厚。在北京 30 多年，想来我竟然是灯下黑了。入伙后的第一件事就是组建了团队，脑子里只冒出来两个 80 后：一个是抖音达人吕晓彤，另一个就是财经畅销书作家于智超。他们都是我曾经想合作的年轻人，正好借这次机会与他们合作。智超来到我办公室，他问题不多、想法不少，想做事的激情让我觉得年轻真好。正好有个国资的私募基金，在投资圈还没闹出过什么动静，于是我就把这个担子交给了他。掐指一算，我们合作也有几个月了，一上来就拧紧发条，真实的 996 状态。

但令我惊奇的是，在高强度的工作间隙，智超居然没耽误自己写作第三本书的计划，让我一度怀疑 996 还是不够他忙。当然，事实并不是这样，他的身上很有拼命三郎的影子，有个目标就执着地去完成，我确实喜欢这种风格。《与时间和风口做朋友：股权投资策略与思维》的书稿很快就摆到了我的面前，仔细翻来，我发现他的文风变了，用大白话和诙谐幽默的语言讲投资，掼蛋、酒局之类的风趣比喻挺对我的胃口。因为在我心里，金融和投资本来就没那么严肃，没有数理化复杂，很多时候是我们这代金融工作者故作深沉罢了。现代社会，人人都要懂一些金融和投资知识，就像司机在20世纪80年代是个职业，但现在只是个生活技能而已。理财是当代人的基本技能。因此，他把问题简单化，尊重专业而又不故作神秘是值得点赞的。

智超的这本书，用直白的话语阐述了股权投资的诸多核心概念，并用典型案例进行了深入浅出的剖析。他的思考和分析属于通俗易懂的类型，这些案例的引用也必将丰富读者的阅读体验。在本书中，智超还强调了风险管理在股权投资中居于重要地位，只有在事前、事中、事后的各个环节精准把握，才能让我们在投资中获得实打实的成功。"盲狙不可怕，怕的是真盲的真敢狙"也成为他投资理念的不二法则。这一点，为广大的投资者提供了重要而又有趣的参考。

在当今快速变化和多元化的市场环境中，如何敏锐地捕捉投资机会和有效地应对市场风险是任何投资者都必须面对的问题，相信这本书提供的思想和方法将会让读者更好地应对这些挑战。阅读本书，一定会让读者对于股权投资的规律性、复杂性、动态性有更直接而深刻的理解。对于那些对股权投资有浓厚兴趣并追求成功的人来说，这本书一定是一本好指南。

时间常在，风口常在，但朋友不常在。

投资思维是需要培养的。在日常生活中，我们通过逻辑推理发现每个产业由诸多环节构成，这些环节错综复杂，涉及几百上千个细分领域，从中找到发展规律是比较困难的事情。我们要抓主要矛盾、抓主流，其实是要明白，宏观中套着微观，政策中套着对策。找到大方向，再找到能适应政策、能提出应对良策的公司，便是找到了对的投资标的。

我们对生活不缺感悟，缺的是领悟。新闻事件、政策方针等都蕴藏着投资原理，如果我们能触类旁通、举一反三，就能总结出自己的一套方法论，并在实践中通过反复论证，达到致富的目的。在一定程度上，新闻掀开了风口的一角，只不过这一角太微观，无法窥一斑而知全豹，虽然可能会有蝴蝶效应，但是在投资的逻辑中可忽略不计，并不能成为投资某个行业或者某家企业的风向标。

风口有逆风口，也有顺风口；股价要么上涨，要么下跌；风口的风也有可能停下来，股价照样会跌得很惨，让股民怀疑人生。风口并非永恒的，是可以实时转换的，曾经半年之内就从风口掠过的 AR、VR 随着元宇宙的兴起又开始火了起来。铺天盖地的新闻报道追捧着这些风口，以至于在舆论的影响下，你可能也会不由自主地靠近、介入。

时间是最无情的。不管风如何吹，时间总是默默地观察。历史就是时间的脚步，时间走的每一步都算数。对个体来说，时间宝贵，生命有限，路走得快一点，总比走得远一点要开心得多。时空最好的重叠是一直在风口里等着时间接盘，抓住机会的那几年，实现自己的人生梦想。

要想拥有完美的人生，就请你不要在意是否在风口里飞过，而要在意时间能够为你留下什么。

2023 年 1 月于北京

目录

第3章 观察投资常青树能悟到什么

第4章 新能源车带来的投资机遇

目录

第8章 后疫情时代投资应关注哪些行业

第 1 章

竞技与投资的异曲同工之处

竞技是人类永恒的话题。文无第一，武无第二，是比赛就要有第一第二名，但投资不需要。在投资时，有领投方，有跟投方，双方一起联合投资；在退出项目时，可以在上市时赚大钱，或者在被并购时赚小钱，或者在回购时不怎么赚钱，或者在破产清算时血本无归。输赢常见，大小不一而已。

竞技是专业或者业余运动员在赛场上的"表演"，与演戏一样，"不疯魔不成活"。同样，投资有专业也有业余，有的人或许专业能力不够，那就运气来凑，运气好的时候也能赚到大钱。不过，不管是专业投资人还是业余投资人，都需要团队作战才能提高成功率，团队的契合度和配合度都很重要。

机会是投资至关重要的因素。信息爆炸年代，小道消息满天飞，这些消息既无从证实，又不能放弃。所以，判断机会是否适合时要看是否有靠谱的人或者机构背书，而且从我在"竞技"中总结出来的经验来看，机会的攫取更需要实打实的论证。

投资如掼蛋，掼蛋如人生

掼蛋是一种扑克游戏，近几年来，它已经成为大家喜闻乐见的娱乐方式。有的地区成立了掼蛋协会，我所在的北京也有很多企业或社会团体建立了自己的组织，很多人在工作之余都以掼蛋为乐。"饭前不掼蛋，等于没吃饭"的说法也逐渐流行起来。我也颇为钟爱掼蛋这种游戏，数年来，我发现掼蛋与股权投资也有些许相似之处，总结为以下几点。

1. **胜负存变数。**四个人会组成一场充满变数的牌局，每个人的牌都是随机的，对家和对手的水平也是不确定的，而且即使水平都很高，也未必能够配合得好、赢得了。投资也是这样，即使投资团队的素质和创业团队的素质都过硬，成败也会受到国家大势、行业和企业本身、监管机构的审批、竞争对手的反应等诸多不可控因素的影响。当企业出现业绩萎缩或上市延时等情况时，最终可能无法确定项目能否成功以及能否退出成功。最好的结局是投资者和创业团队一起上市，"一人得道，鸡犬升天"，给投资者背后的有限合伙人（limited partner，LP）一个交代，给陪同创业者吃苦的亲人们一个交代。最差的结局是公司倒闭清算或对赌无法完成，投资人口碑变差、资金血本无归，创业者们兵败如山倒，事业重新开始。

2. **同样有复盘**。投资项目在某个确定的时期都会进行复盘，每个对家在打完牌之后也会进行总结。总结经验和教训有助于在下一个项目或者投后管理时亡羊补牢，不断提高投资水平，并获得成长。复盘时可以反思打法，以互相磨合、增加默契，努力在未来赢得更多的牌局。创业团队都是摸着石头过河，有过大企业工作经验的创业者不能完全套用之前的打法，需要因地制宜、因时制宜，在制度制定和销售渠道铺设上都要有新的成长。团队之间的磨合，加上投资者的投后赋能，才能让团队不断进步，向着上市的目标前进。

3. **喜怒不形于色**。抓到好牌，别喜形于色，避免乐极生悲；抓到不好的牌，也别唉声叹气，避免影响士气。即使有牌出错了，也别说错了，因为这样只会影响对家的情绪，产生负面效果。更不能失态到指导对方出牌，"好为人师"总会让人有种打通牌的感觉。投资也是如此，不管是否会投或者是否有兴趣，都要坐在谈判桌旁，和气生财。不要把自己当成救世主，也不用把甲方的光环套在自己头上。如果企业发展得好，也有可能成为为你出资的LP"金主"，那么你就完成了甲乙方角色的转换。

4. **团队和谐为重**。要想赢，必须靠团队的互补。牌友凑到一起，队友并非完全固定，而且每个人打牌的能力或许参差不齐，关键还是要在第一轮牌局中找到对方的打法。对不熟悉规则的队友要多多指导，先进带动后进。投资团队也是如此，在团队中要尽量配备投资专业人才以及法律和财务人才，使他们各司其职，权责利相当。在很多综合类投资机构，医疗健康、半导体等行业的投资方向少有人涉足，因为那些具有金融、经济等学科知识或者 MBA、硕士等学位的投资人并不了解这些行业。做完决策就需要对项目和基金业绩负责，不要逞能去做不可控的事情。

5. 万事皆有变化。掼蛋的乐趣在于无论抓到什么样的牌，都能有非常多的、不同种类的牌型搭配，比如分拆牌成为同花顺，炸弹都可以拆成几份来打击对手。兵无常势，水无常形，能因敌变化而取胜者，谓之神。投资的企业可能会因为经济大形势、行业政策、竞争对手拿到的筹码、自身发展遇到的沟沟坎坎制定不同的应对措施，蝴蝶效应也会贯穿企业成长的全过程。企业有可能再也无法"出牌"，无法扭转颓势；也有可能抓住一个机会强势崛起，一击制胜。不要以不变应万变，而要以变化应对变化，因为世界上唯一不变的就是变化本身。

万事皆有规律。在投资时，我们不仅要能够触类旁通、举一反三，而且要学会不断地跨界，这样才能有不一样的思维。就像很多互联网企业形成了造车新势力，新东方转型为直播带货的东方甄选一样。很多企业都悟出了这样一个道理：打败自己的往往不是竞争对手，而是跨界而来的其他行业"巨头"们。

"鹏北海，凤朝阳。又携书剑路茫茫。"投资如掼蛋，掼蛋如人生。人生苦短，更要找些休闲健康的乐子，掼蛋是其中一种。钓鱼、唱歌、读书……休闲方式不胜枚举，关键是呼朋唤友、觥筹交错之后，生活和工作的压力就不再那么可怕。投资思维的培养也是某种意识的觉醒，说不定哪天就能够用得上了。我还认为，这些娱乐活动还能够有效地缓解"压力肥"，预防华发早生。

在应酬中寻找投资机会

除了掼蛋之外，应酬也是朋友们联络感情、沟通交流近况、优化整合资源的一种方式。应酬各行各业都有，参与者一般是青年人、中年人，往往中年人居多，中流砥柱不遑多让。这类应酬大部分已经从年少时的不谈做事只是喝酒，变成了现在的只谈事儿不大喝特喝。只不过有时候喝酒成了习惯，习惯又成自然，不存在心理障碍，什么高血压、高血脂都可以往后放一放。

应酬是联络感情的场所，也是获取信息的地方。投资讲究的是信息的不对称（即信息差），或者说要在信息传递较快的时候拿到信息，让收到信息慢的人无路可走，因为信息差可能产生红利。应酬很多都是为特定目标组织的，在特定目标达成之后才开始联络感情。

商务应酬比较直接，就是为了整合和分配利益、利用和启动资源，本身就体现了投资目的所在，只不过是把握可行性和节奏的另一个场所而已。而非商务应酬（比如同行业的人士或者相关人员的聚会）是一种交换信息的方式，通过这种方式，人们能够把关系和资源串联起来。人们可能没有别的目的，单纯就是觉得聚在一起的朋友可能会做成某些事情（当然事成之后也别忘了攒局人）。非商务应酬大多是无效的应酬，找不到任何投资的机会，只是为了刷个存在感，找找喝酒吹牛的感觉。

"天下熙熙，皆为利来；天下攘攘，皆为利往。"信息不对称带来的红利确实存在，这是因为人们对项目、机会的"嗅觉"都很灵敏，而且无利不起早。投资并非都是股权类投资，很多项目都需要人们付出努力来实现落地并赚取利益。即使通过应酬找到了项目，后面环节也可能跟不上、赶不及、落不了地，甚至落地了也会被跳单，最终他们可能一无所获，生一肚子闷气，说不定还会因此生病。

换个角度来看，人们在酒酣耳热的时候做出的承诺往往多数都可能不作数。应酬中的打哈哈和吹牛一直都是常态，"交给我来办"成为永恒的伪命题：第二天找他，就忘记自己说过什么，怎么会"办"呢？所以不能抱着参加一次应酬就能一夜暴富的心态，功利性太强，更容易欲速则不达。找到认知内的领域，通过熟悉的链条上的朋友嫁接资源，才有可能既做成了事情，又不是白做事，才有可能实现责权利的平衡。

弱关系往往能够做成事，这也是大家都喜欢参加应酬的原因。弱关系的朋友大概率从事的不是本行业或者相关行业的工作，他们虽然对你的专业领域不了解，但有可能正好需要投资或者寻求合作而无门（并非因为不了解而容易被忽悠）。这些朋友熟络之后，再经过几次拜访和深谈，有可能成就几笔生意或者几次合作。大量的投资项目或者合作都是由弱关系促成的。强关系的朋友反而更知根知底，他们非常清楚地知道你能做什么、不能做什么、底线和坑分别在哪里，说服他们比较难，想赚大钱也比较难，但维持正常的业务交往是没问题的。在应酬中，人们建立起的大部分都是弱关系，热络之后再做几次拜访和深谈，有可能成就几笔生意或者几次合作。

酒品也是评价一个人人品的重要因素，甚至会影响以后的洽谈和合作。酒过三巡后，有时内向的人也会变成外向的，有时能得知一些之前鲜有人知的关系和秘密，有时能做成意想不到的生意，完成投资与酒量的双进步。

北方人喝酒，南方人喝茶，因此人们常说北方人做事情没有南方人务实。喝酒越喝越醉，喝茶越喝越清醒，两种场合下都能谈一些事情。虽然这是个笑谈，但也能说明应酬的作用，即联络感情为主，发现投资机会为辅。

风投和踢球都要屡败屡战

2022 年，亚冠联赛小组赛第一轮，广州队 0∶5 惨败马来西亚球队，山东泰山 0∶7 不敌韩国球队。痛定思痛，我要写一个惨字。

这些年中国男足总能站在舆论的风口浪尖上。同样，屡败屡战的还有一些风险投资。风险投资，不是只有风险，风险与收益一定是成正比的。风险控制是投资机构中最重要的部门之一，如果风险控制做不好，产品的收益就无法保证。宁可不投，也不能失败。失败是概率问题，但是我们能够事前防范。

投资失败的案例大把，没有哪个机构敢说自己的投资百分之百成功，包括红杉、高瓴等机构。而且即使公共关系做得再好，很多公司也掩饰不了曾经无法退出某些项目的窘境。

我们在做投资时，事前防范、事中防范、事后补救都是募、投、管、退投资行为的重要环节。完美收官，基金正常清算，才算是投资人士职业生涯不被抹黑的关键。

事前防范就是要把尽职调查工作做好。投资生涯中，经常会遇到烂尾的情况，不过投资初期已有明显烂尾迹象，却还会投的情况少之又少。在进行尽职调查时，投资团队除了具备应有的专业能力，团队内还应有了解细分行业的专业人士，这些人最好有过实体从业和管理经验，能够凭借其行业研究和分析能力以及业内的人脉资源，对项目有一个初步的判断。尽职调查时也要仔细判断商业的逻辑，一般通过两个途径：一个途径是对上下游前五大客户进行访谈，不但要对采购部门、销售部门、技术部门进行深度访谈，而且要对客户高管层进行访谈，获得对被投标的的整体看法；另一个途径是通过第三方咨询公司，对竞争对手的高管或者业内知名专家进行电话访谈，现在这已经成为尽职调查不可或缺的一部分。从不同的视角出发会发现不一样的问题。

事中防范，我们以对资金的知情权为例。当投资的资金到了企业账上后，投资人可能很难摸清楚资金的去向，甚至有的企业在投资到账后就急于摆脱投资人的监管。这种情况虽然极端，但很常见，有的企业连需要报送的季报、半年报都不会给投资人，因为知情权被损害而无法对投委会交差的情况屡见不鲜。知情权等基本权利无法满足，也是投资人力争企业董事席位的重要原因之一。投资人只有参与到企业的董事会中，才有机会清楚企业发展的战略，搞明白自己的权益是否可能受到损害。

事后补救是难度最大的风险防范措施，大概率只能避免血本无归，更别说满足对赌协议中的固定收益要求了。大多数事后补救都会通过对投资标的进行清算来完成。例如，对于轻资产行业（如互联网行业）来说，清算后只能给投资人留下一堆二手电脑、二手桌椅，因为房子是租的，创业的是一穷二白的年轻人，不贫则已，一贫如洗。再严苛的对赌协议也没什么用，毕竟对赌也是投资人自己骗自己的，如果企业发展得好，何必要求兑现对赌条款，本身也无法触发对赌条款；如果企业发展不好，现金流都不够通畅，又哪有钱来还给投资人，遵守得了对赌协议？

话说回来，以上方法在中国男足身上都不太适用：对赌失败又能奈我何？有时候，竞技领域确实不能去赌，如果必须赌，就只能赌胜利，不能赌失败。

从库里投球看投资

2021 年，斯蒂芬·库里（Stephen Curry）成为 NBA 历史上的三分王。可是据说库里有眼部疾病，投篮时完全看不清楚篮筐，也就是说他的超远距离三分都是"盲狙"。为什么"盲狙"还这么准？我想，用欧阳修的《卖油翁》中的"无他，但手熟尔"这句话来解释原因最合适不过了。投资也是一样的逻辑，当你熟悉行业，熟悉企业的运营管理，熟悉技术的变革历程，熟悉商业模式的运行轨迹，熟悉股权架构的合理性，熟悉团队搭建必备的互补性，这时你看问题就会很透彻，比如投资标的是否有成长潜力，投资之后能否有百倍回报等，这也算是"盲狙"。

投资不是儿戏。私募股权机构拿的往往是别人的钱，作为资金管理公司，重视的是管理。在募集资金时，你需要用曾经打下的品牌、维护多年的人脉、信誓旦旦的承诺，以及准备充分的项目池等来打动准备投资你的各类 LP。并非把钱拿到手就万事大吉了，各个 LP 都会监督你如何使用资金。在投资标的明确之前或者在尽职调查开始之初，就会有 LP 介入以协助尽职调查，一方面是为了能够低成本地获取项目，同步开展尽职调查以拿到相应的跟投份额；另一方面也是为了检验普通合伙人（general partner，GP）在执行层面的能力，如是否具备专业性、是否有商业贿赂或者利益输送的行为等。还有些地方政府 LP 会尽早介入，帮助企业在当地注册子公司，发展当地业务，给出项目落地税源，这些都是 GP 要考虑到的诉求。只有所有的诉求都在尽职调查和投资过程中得到满足，投资这个流程才算走完。

管理相对以服务为主。管理好投资项目，想尽一切办法不让它破产，帮助创始人和团队完成解决不了的烦心事，让他们专心致志地发展业务，尽可能地保证投资进去的资金安全。管理所说的赋能是指力所能及地帮助投资标的。别忘了，如果投资标的有可能上市或者以好价钱卖给上市公司，他们的高管团队或者公司本身都有可能成为 GP 下一期基金的 LP，这种角色互换是非常常见的现象。

投资机构通过联结 LP 和投资项目之间的关系，可以润滑自己和 LP 之间的关系，也可能为自己创造出一些致富机会。例如，某基金管理公司通过管理咨询帮助某企业争取到当地政府很好的政策支持，并拿下政府的项目投标，以销售提成或管理咨询费用的形式实现一些收入。基金管理公司也是营利组织，这类财务顾问部门或者投后管理部门实行独立核算，甚至可以接外面的活儿。对于要成长的公司的合伙人或者员工而言，这条路肯定是行得通的，不但能够更密切地关注被投标的成长，而且能够反复印证自己当时的投资逻辑正确与否，复盘时也能够更加清晰地了解此类行业的行业规则。

有句老话说得好："你听到，会忘记；你看到，会记得；你做到，会了解。"很多事情都需要你深入参与其中，才有人跟你讲真心话，外行看热闹就会逐渐变成内行看门道。这对个人和基金本身的成长都是有百利而无一害的。

库里的三分球技绝了，虽然是"盲狙"，但也离不开刻苦训练和良好的心理素质，肌肉的本能反应是源于生理和心理的长期锻炼，如果坚定不移地想进球，那么任何阻碍都挡不住投超远三分的求胜欲。投资机构要想顺利完成投资，平时的功课就要做好，这是成功"盲狙"的基本条件，也是成就专业性之本。

投资机构往往都很注重员工的专业培训，基金模型搭建、行业分析报告分享等培训不断。时代的变化导致了需求的变化，行业人才的专业程度逐渐提高，这就要求这些人必须要有前瞻性和辨识度，才能够在行业中立足。也正因为如此，培训显得至关重要。在依赖众多第三方专家的同时，自己也要了解和掌握投资标的的运营逻辑和成长逻辑，才有底气给领导提出投资建议书，让领导在决策时也能够因为你足够专业而敢于投赞成票。

库里的经历代表了 NBA 很多球员的情况，伤病一直都是运动员的痛，高强度的运动和剧烈的对抗都会给运动员的身体留下痕迹。无论是哪个行业的从业者，都可能会面临各种挫折，再知名的机构和投资人也会有投资失败的时候，用钱买来的教训也并不能保证未来都能够成功，经历过和见过也算一种成长。投资时敢于"盲狙"源于深耕行业、投资经验丰富，细致的尽职调查仍非常重要，同时也要相信自己的眼光和感觉。事事谨小慎微，也会影响赚到大钱的概率。

盲狙不可怕，怕的是真盲的真敢狙。

连续创业者们有彩虹也有春天

娱乐圈因戏翻红、因综艺节目翻红的明星很多，这其中不乏观众对这些明星的作品的喜爱，也可能有资本推手。在投资人眼中，翻红的逻辑与投资的逻辑有着异曲同工之处，只要有实力、有市场、有特色，创业者总有一天能在资本的加持下为资本创造丰厚的回报。

有些创业者属于屡败屡战型的企业家，而做企业家都是要有天赋的，不做打工人，自己就是平台，这种魄力和勇气无论何时都是值得钦佩的。不过，创业未必都能成功，或者说未必能够一次成功，需要经过磨砺，经历过大大小小的失败，才有机会成功。投资人，尤其是天使投资人，在甄别哪类创业者能够给自己带来回报的时候，不仅仅是靠直觉，还需要进行详细的背景调查，以确认投出去的钱是否会打水漂或者坚持不到下一轮融资。

不同的是，这些翻红的明星很多都是成名已久，曾经有受欢迎的作品，有被市场和粉丝验证过的实力水平，还有曾经在背后支持他们的资本和平台。总的来说，他们需要一个机遇来证明自己的存在，并得到资本的青睐。创业者则有所不同，每一次创业都是颠覆生活和思维的"再出发"，除了团队和投资过自己的资本，没有谁会全力地支持自己。他们本身力量单薄，更多靠的是信念，他们用资本的钱来尝试商业模式或技术路线，不断试错，直到找到正确的方向。一旦确定了正确的方向，他们谋定而后动，马上就可以往前推进，此时也照样离不开资本的支持。

这些明星和创业者还有一个相似点：明星有自己的运营团队，创业者身边也会有一群共同创业的伙伴，他们通过长期的磨合建立起信任关系，愿意作为一个完整的团队一起走向成功之路。

创业者有连续成功的，比如我认识的一位朋友，他陆续创建了两家公司，后来都卖给了同一家上市公司。在第三次创业的时候，他打定主意一定要自己独立上市，做一次老大。曾经并购他公司的老板也支持他的决定，并在天使轮、A 轮投了大笔资金给他，支持他追求自己的梦想。一些更年轻的创业者，在没有找到行业规律、搞懂行业规则时，懵懂地凭着一个理念或商业模式野蛮生长，管理能力和水平都不到位，最终失败。这类创业者不能说不优秀，只能说尚不成熟。因此，投资人在决定是投资连续成功的创业者还是连续失败的创业者时会非常纠结，到底哪一类创业者才能保证自己的资金保值或增值，至少不亏损呢？

其实这是个伪命题。古语说得好："用人不疑，疑人不用。"创业者的闯劲儿、干劲儿都是资本最看重的，再对工作经验、团队组成、人脉资源、管理理念、技术研发实力、销售渠道搭建等各个环节进行过考察后，资本要下定决心投哪家企业也就没有那么难了。万万不能吹毛求疵，这个世界上本来就没有哪家企业是完美的，没有哪个人是无可挑剔的。人总会犯错，大错还是小错都是企业成长中必须经历的，要看这些错误是否能用资本的成本覆盖掉，而且后面还有多轮的融资支持。试错本身并不可怕，可怕的是没有后续力量。

创业者想要东山再起，只有把此前成功的经验和失败的教训结合起来，才能对创业有更深的理解。这份理解是弥足珍贵的，是用钱、时间、精力一点点积累出来的。至少在我看来，这样的创业者要比小白更懂得珍惜投资人的钱，对资本和企业运营更有敬畏之心，所以犯错的可能性会更小。企业家的思维虽然天马行空，但执行一定是脚踏实地、步步为营，再大的梦想也要通过落地和变现来实现。

谁都想成功，谁都离不开资本。企业家和明星翻红需要资本，企业更需要现金流来支撑为员工发放工资、奖金和福利。万变不离资本，"资本"是发展的动力，也是社会进步的源泉。刀子可以杀人也可以救人，资本也可以是一种工具，至于最后会取得什么样的社会效果，也可能并非出自资本的本意。

老子在《道德经》中说："一生二，二生三，三生万物。"谁都会经历困境，这是一种锤炼和成长。这些困境可能与大环境有关，也可能与身边的小圈子有关。被动的承受不如主动地改变来适应。孟子曰："舜发于畎亩之中，傅说举于版筑之间，胶鬲举于鱼盐之中，管夷吾举于士，孙叔敖举于海，百里奚举于市，故天将降大任于是人也，必先苦其心志，劳其筋骨，饿其体肤，空乏其身，行拂乱其所为，所以动心忍性，曾益其所不能。"万物生长靠太阳，也靠自己的主观能动性、基因和素质。你若不适应时代，可能就会被社会淘汰。想要获得资本的加持，就要时刻准备好。

当前，活着比什么都重要，活着就能有希望，希望比活着更重要。

第 2 章

留心时政里的投资机会

时政话题是常伴我们左右的话题。无论是中考、高考、研究生考试，还是公务员考试，都有时政题目，考生都必须认真对待。上班族每天也会关注时政新闻。可是你有所不知的是，投资思维也会在时政新闻中有所体现，了解财经事件或者新闻背后的各种关系都有益于投资思维的培养。

思考是人在表面接触事件之后升华感悟的过程，尤其是当你定向地把投资作为逻辑转化的终点，在发散性地联系所有信息并合并同类项后，归纳出自己能够理解的投资逻辑。这就是一种投资思维的提升，也形成了你自己的投资方法论。很多投资理论都是万变不离其宗，所谓的投资专业人士口中来来回回也就那几种理论，可是为什么那么多人听到之后记不住、记住之后不会用、用了之后用不好呢？因为这些理论可能在某个时点、用于某个事件或者由某个人来应用是对的，但是它们未必适合你。

正因如此，我们更需要总结出自己的投资逻辑和方法论，并不断磨合和验证，这样做事情心里才能有底，做错之后才能不后悔，才有动力不断丰富投资思维，提高投资能力。

就业率带来的投资启示

当沉没成本过高，无法变成造血增量的基石时，市场上就会出现青黄不接、不敢投资的心理暗示。这种暗示很致命，打击的是比金子还要珍贵的信心。很多行业的从业人员因为技能限制，只能在本领域内施展拳脚，假如投资超出认知，把资金亏在这个领域，可能会带来不好的心理暗示：自己可能不适合再创业，自己只能是"天选打工人"的候选人。那么，最有活力的中小企业家就会一批批地"倒下"。

就业是造血的关键。大学应届毕业生的就业率年年下降，大家都很焦虑。此外，因很多突发事件，很多地方政府措手不及，影响了当地经济，"一刀切"的现象层出不穷，大大降低了"内循环"的效率。消费靠的是周转率，消耗品囤积或变质带来的浪费都是惨痛的沉没成本，也是无效成本。"谁知盘中餐，粒粒皆辛苦"这句诗谁都会背，但真正做到却难上加难。

就业率是城市稳定的重要指标。就业不但涉及大学应届毕业生的就业环境，更涉及"县城新青年"被裁员后的再就业。2021年，中国人口城镇化率达到 64.72%，相应的中国城镇化基本建设投资的高峰阶段已过；第三产业在 GDP 中的比重已经达到 53.3%，18 ~ 24 岁的年轻人大多数还是处于服务行业中，尤其是餐饮、商业、娱乐等一线消费类服务行业，这些行业都是与消费者最紧密接触的行业，同时也是受新冠肺炎疫情影响最大的行业。

在拉动经济的"三驾马车"中，消费拉动了中国经济增长的 65%。2022 年 4 月，我国社会商品零售总额在 3 月份同比 –3.5% 的基础上，同比增长 –11.1%，这就代表着中国经济已经相对之前遭遇到了重创。失业潮不止出现在一线的服务行业，还出现在互联网行业，京东、阿里、字节跳动、腾讯、小米等大厂纷纷让员工顺利"毕业"，将这些员工交还给了社会。

不可否认，企业的社会责任感不是体现在不裁员。裁员是企业在经济形势不好的情况下壮士断腕的一种方式。企业要想盈利，就必须不惜一切代价保住自身的生存和市场地位。近几年，不是只有互联网巨头在裁员，大量的制造业巨擘也同样面临着收缩业务的压力。在社会大环境下，"倾巢之下，焉有完卵"。对于企业和个人而言，不破不立，先破后立。如果你要活下去、要好好地生活，在失业的近忧之下，就需要未雨绸缪，找到自己的定位。丘吉尔说过，不要浪费任何一场危机，危机即是转机。我建议，你可以从可控的和不可控的角度出发去分清楚轻重缓急，确定自己行动的方向的节奏。

假如你掌握了一些生存技能，比如写作、演讲、表演、咨询、销售等，都能够实现变现，那么这些技能都可以成为你生存下去的"一招鲜"，如 2022 年爆火的刘畊宏的健身直播、正能量的残疾人带货。在直播带货、短视频等带来的互联网福利如此丰厚的情况下，你有很多可以展现自己的机会。找到自身的长处和亮点，想清楚能够给合作方或者朋友带来什么样的价值，就能够拿到对等的价值。还有一些具有企业家天赋和基因的人可以选择创业。

很多创业者都是在自己遇到裁员或者走投无路的时候突破了自我，实现了超我，闯出了一番事业。现在，全国各地的政府都在组建天使基金等各阶段投资的引导基金，一方面是能够通过官方来鼓励市场化投资机构申领，以达到通过子基金管理人去"亲密接触"创业者的目的；另一方面是想吸引有发展潜力的创业企业和人才来到当地，激发当地的经济活力。

失业不可怕，慌乱是肯定的，也是暂时的。寻找在舒适区内的工作或者创业都是活下去的路子。还是要奉劝一句，莫要天马行空、胡思乱想，超过个人能力或者异想天开带来的绝对不会是经验，肯定是教训。

"每临大事有静气"是我们想要达到的最终境界。危机来了，更需要我们蛰伏隐忍，"隐蔽精干、长期埋伏、积蓄力量、以待时机"，与君共勉。如果你是花，你会害怕春天离开你；但如果你是春天，你就永远都会有花。古希腊数学家泰勒斯经常仰望星空，感叹于浩瀚无涯的宇宙，却忘记了自己在陆地上，不小心就掉到了坑里。找到属于自己的那颗星球很重要，更重要的是避开自己可能要掉进去的坑。

好奇心是驱使人类进步的原动力，帮助你接触新鲜事物和信息，但是最终做每件事情都是要将事情做成，天马行空的马也要有接地气的蹄，才能"春风得意马蹄疾，不信人间有别离"。

投资热土首选深圳而非越南

历史的演进是极为相似的，国家的发展进程也是有规律的。

2022 年的某段时间，市场上疯传越南的外贸出口超过深圳，我确实觉得言过其实。2022 年前四个月，越南的进出口总额达 2424.3 亿美元，同比增长 15.9%（净增 332 亿美元）。其中，外资企业 1683.7 亿美元，增长 14.9%（净增 218.7 亿美元）；内资企业 740.6 亿美元，同比增长 18.1%（净增 113.4 亿美元）。但是这不能说明产业结构就优于深圳，更不可能说是全面优于。随后，有大批文章开始炒作越南成为新一代"世界工厂"，大量的海外资金转投越南成为当地经济增长的原动力。理由无非是因为越南有大批廉价的产业工人。

不过越南有外资进入是真的。2022 年 4 月，美国昆腾国际公司（Quantum Corporation）和越南 BB 股份公司（BBG Group）与广治省签署了两个大型投资项目的合作协议。其中，燃气产业中心投资总额预计达 50 亿美元，包括天然气加工厂和液化天然气生产厂、陆上储气库、浮式储气库等分项目，一期预计投资 35 亿美元；广治综合性港口项目的总投资金额约 5 亿美元。

我们先用数据说话。

2011 年至 2021 年的 10 年间，越南整体货物出口总额复合增速高达 13.2%，相对应的货物进口总额复合增速高达 12.0%，进出口贸易迅速"崛起"。据官方数据显示，越南自中国大陆进口大量原材料，依赖度较高。根据越南海关统计数据，2021 年越南自中国大陆进口额约 1099 亿美元，占整体进口额约三分之一，同比增长 30.4%。越南自中国大陆进口的主要货物与整体进口货种结构相近，56% 的纺织、皮革材料等（包括纱和布料等）自中国大陆进口；48% 的机械设备等自中国大陆进口；42% 的电话、手机及零件自中国大陆进口。

越南将原材料 / 零部件经过加工 / 组装后，再出口至美国。根据越南海关统计数据，2021 年越南至美国出口额约 963 亿美元，占整体出口额约 30%，同比增长 24.9%。越南出口至美国的主要货物与整体出口货种结构相近，也与自中国大陆进口的货物结构相对应。2021 年越南木材及制品整体出口额约 148 亿美元，约 63% 出口至美国；46% 的纺织服装出口至美国；42% 的机械设备等出口至美国。可见，越南较大比例的原材料依赖自中国进口，后经加工再出口至美国。所以，看事情不能只看表面，只看数据不分析是摸不清楚规律的，我们需要越过现象看本质。

官方数据显示，2022 年，越南一季度的 GDP 为 2132.796 万亿越南盾，约为 921.75 亿美元；而深圳一季度 GDP 实现 7064.61 亿元（按 2022 年 3 月末的汇率折算为 1109 亿美元），相较 2021 年确实有近两倍差距，有所下滑，但在多重因素下依然算是坚挺了。

我国一直以来拉动经济的三驾马车——消费、投资和出口，已经被越南奉为圭臬。进口原材料，提升附加值，然后再出口，这跟我国改革开放以来的做法非常相似。与我国的差别在于，我国地大物博，原材料丰富，曾经的人力资源也足够廉价，后来重视教育，产业工人的质量和数量都得到了提高，能够全面承接全球订单。随着人们教育的程度提高以及实践出真知被广为接受，我们由中国制造走上了中国创造之路，为产品和服务赋予了更高的价值，能够更好地迎合有更高消费需求的消费者的诉求。互联网发展迅速，这种影响传导到线下，实体产业企业已经很难在年轻人中招聘到合适人选，必然会提高员工工资，以吸引更有竞争力的员工。由此也倒逼着政府引导产业向中高端发展，这样才能覆盖所有成本。

在国内，人口红利因为老龄化社会的到来而变得越来越稀薄。资本逐利，市场化企业也是逐利的，自然就会寻找价廉的劳动力和制造场景，只要计算下来多一点利润，就可以立马搬走工厂，这就是现在大批工厂转战东南亚的逻辑。用脚投票一向都是资本在利益面前的必然选择，不必大惊小怪。同样，我们其实不必纠结于挽回此类资本。放眼长远来看，未来中国的新兴经济不但有逐渐向高科技发展的趋势，还有高附加值产品输出的趋势。

因为电力、公路等基础设施建设并不能完全匹配制造业的落地，越南即使有大批廉价劳动力，提升了成本优势，也依然面临着发展中国家共存的问题，不太可能像我国一样加大基础设施建设投入，因此很难实现长足快速发展。2020 年，越南对外负债率高达 46%，已经远超过国际公认的 20% 安全线，现在引入的制造业等产业也按照当时中国"三来一补"的模式复制，资源、客户两头在外，内生循环很难展开。

相比之下，深圳则不同，制造业的转型升级早就如火如荼，并且已经卓有成效。在周边东莞、佛山等制造业基地的支持下，深圳能将相对中低端的制造业产能进行有效转化，形成上下游、高中低端产业平衡的集群化、规模化，这种协同效应能够降低物流运输成本，减少路途损耗。另外，年轻人聚集在一起，内循环转得飞快，消费的欲望刺激了产品的升级。深圳虽然短期内在出口方面受到疫情影响，短暂地出现了下滑，但并不代表新兴经济体会超过中国活力最强的试验区。

话说回来，人力成本、房租成本、基础设施不完善等都是发展中国家发展过程中必然遇到的门槛。想发展，能发展，发展到了一定阶段，自然就要学会舍得，有舍才有得。相较而言，某些产业如同鸡肋，食之无味，弃之可惜。不如就此放弃，去发展更高附加值的行业，留出更大的发展空间给新事物、新业态。一句话，只要就业不滑坡，科技含量上升不动摇，依然是硬道理的发展逻辑。

"县城新青年"是经济发展的新动力

虽然国内经济形势在不断好转，但依然严峻。要想摆脱困境，还是要靠"消费、投资、出口"三驾马车。令我很惊喜的是，我发现，刺激消费、拉动投资的两驾马车现在都有了新方向。

2022 年 5 月，中共中央办公厅、国务院办公厅印发了《关于推进以县城为重要载体的城镇化建设的意见》并发出通知，要求各地区各部门结合实际认真贯彻落实。这份文件酝酿着很多投资机会，国家的一小步，我们个人人生的一大步。学会顺势而为，专注致远，这完全有可能是我们这代人经历的快速致富的机会之一。在二级市场上，这份文件对投资和消费都是极大的刺激性利好，相关个股也都轮番涨停，不断挑战新高。

这份文件对县城的发展方向提出了要求，指向了新一轮基建热潮的新目标——全国 1866 个县城。根据文件要求，按照规划，2025 年，以县城为重要载体的城镇化建设取得重要进展，县城短板弱项进一步补齐补强——公共资源配置与常住人口规模基本匹配，特色优势产业发展壮大，市政设施基本完备，公共服务全面提升，人居环境有效改善，综合承载能力明显增强，农民到县城就业安家规模不断扩大，县城居民生活品质明显改善。

新基建带来了新变革和新机会以及大量的致富新机遇。变革主要体现在之前集中在大城市的物流、人流、商流将逐步分批、脉冲式地输送到更广泛的县城。而县城的基建不只由工程建设公司完成，还会有大批的建筑周边企业因此获利。

除此之外，新基建还将带动为新能源汽车全方位铺开而做准备的充电设备建设，进而扩展到对电力设备和电力承载量的重新再升级，这避免不了向电力相关生产企业大批量采购。大量城市人群回流到县城以及大批城乡接合部人口涌入城市，必然带动城乡接合部基础设施和环保处理设施的升级建设，随之而来的是大消费的兴盛，除了线上经济蓬勃发展，还有线下大批三四线品牌的批量化落地。这些都会让消费——拉动经济发展的三驾马车之一——充满想象空间。

这些只是万中之一二。从深层次看，这在更下沉的行政区域创造了大批就业岗位，使得大批高校应届生实现就业，使得很多人重新再就业。曾经的"北漂""上漂""小镇青年"变成了"县城新青年"。对这些已经在大城市养成了略高品质消费习惯的年轻人来说，下沉到县城中去做"县城新青年"，可以想象，他们会在购房、购物时显得"大手大脚"，刺激县城的消费市场。"由俭入奢易，由奢入俭难"现在又有了新的解释，原来花几万卢布或者数十亿津巴布韦币购物变成了用几十块美元来购物，带来的心理上的愉悦感是非常强烈的。从婚恋角度看，早婚早育的爱情观和婚姻观的转变也必然会让县城新青年尽快结婚生子，这可能有助于解决人口增长的难题，进而缓解老龄化社会带来的压力。

综上分析，对县域经济的刺激力度之大之重，新基建触角之广之多之深是前所未有的，同时也说明"县城新青年"要抓住机遇。消费的马车已然要扬鞭奋蹄了，投资的马车所缺的粮草从哪里来？相关文件也有了明确要求。

- 对公益性项目，加强地方财政资金投入，其中符合条件项目可通过中央预算内投资和地方政府专项债券予以支持。

- 对准公益性项目和经营性项目，提升县域综合金融服务水平，鼓励银行业金融机构特别是开发性政策性金融机构增加中长期贷款投放。

- 支持符合条件的企业发行县城新型城镇化建设专项企业债券。

- 引导社会资金参与县城建设，盘活国有存量优质资产，规范推广政府和社会资本合作模式，稳妥推进基础设施领域不动产投资信托基金试点。

- 鼓励中央企业等参与县城建设，引导有条件的地区整合利用好既有平台公司。

- 完善公用事业定价机制，合理确定价格水平，鼓励结合管网改造降低漏损率和运行成本。

债券总算有了名正言顺的用途，即不断地激发当地群众对未来的憧憬。在县城里，投资催生的新兴产业自然需要配备人员，这不但促进了县城新青年的技能升级，也使他们思想更加开放，生活方式也更趋向于城市化，因此，也就孵化了大批的消费群体。这次是从最底层开始消费升级，基数是天量的，自然会给各行各业带来更强的成长性。

这也带动了企业的发展。而资本作为逐利的主要角色，自然不会放过高成长带来的高收益，构成了一轮投资刺激消费 – 消费刺激企业成长 – 企业引入新投资并上市的良性闭环。

关键在于如何在现状下破局，我认为需要重点关注以下几个方面。

第一，税源。稳定税源就是稳定 GDP 增长的源头。企业是经济活跃与稳定的主体，搬迁主体难度会越来越大。企业内卷谈不上，各地可能会提倡消费当地的各类产品，让资本在行政区划"私域"内流动。

第二，资金。企业不管是直接融资还是间接融资拿到资金，都尽量投资于当地，无论买地买房还是购买生产设备，拓展业务也优先于当地。除了资金不外流之外，加大招商引资力度，靠政策、补贴、引导基金投资等方式撬动新兴产业、高端制造业等，从而刺激就业。

第三，人才。人流、商流、物流都非常重要，关键是要有高层次人才来拉动经济增长，人才是最重要的。不光是政府体系内的人才，还有商界的精英。如果一个地区能够发掘和扶持领军人物带队，那么他作为一个优秀的棋手可以很快下好自己所处领域的一盘大棋。

虽然上述三个要素之前就已经被非常重视，但是在面对艰难时，想要玉汝于成，自然就会出现各扫门前雪的现象，而且有可能会普遍出现。对于中小企业而言，这也可能是一个机遇，能够让它们拿到原来不曾享受过的政策和补贴，在所在区域大开大合地铺设渠道。肥水不流外人田，后续当地企业也有可能更容易拿到政府的项目支持，保证现金流充裕和就业率，减少裁员，体现小范围内循环。

好政策能够孵化出强板块

2022年4月，天气渐渐热了起来，之前有专家分析过，病毒在较热的环境里，生存会越来越艰难。25日，A股的跌幅给炎热带来了一丝阴凉，让奄奄一息的病毒更加猖獗。很多股民纷纷表示，想要去举报上交所在疫情期间竟然不关门，从而严重影响了病毒的消杀。另外还有一种说法是，很多人都被封控了，谁能聚在一起做研究呢？股市的下跌是必然的。说起来，新冠肺炎疫情期间，上海那些在办公室值班的基金经理朋友们也有烦躁抑郁的时候，吃喝本来就匮乏，封闭、闷热的办公室只能让他们撒开膀子而不是撒开脚丫子，跑是跑不出去的，只能砸盘看绿色，获得点儿凉风习习，还能用绿色保护视力，缓解疲劳。他们远远看着黄浦江，却没办法到江边散步，只能通过一种时空交错的方式把资金抽出来，当作扔到水里听响声的东西，这也算用另类的方式提前庆祝劳动节。

A 股大跌有多重因素。一是纠缠不休的俄乌战争，曾经的军事第二大强国与曾经的小兄弟胶着，且可能还要打持久战，因此又带动了一波军事竞赛，局势各种紧张。我们不清楚是不是会出现"炸尾效应"，但至少在 A 股实现了"炸板效应"。现在看起来，影响是多方位的。蝴蝶效应一旦显现出来，就已然代表整个链条都已经在恶化了。

二是新冠肺炎疫情没完没了，很多国家都受到影响。虽然疫情已基本告一段落，但"后遗症"依然存在，全球经济统统受到极大的负面影响，很难说最后谁是受益者。牵一发而动全身。国内股市的部分板块出现了异象，消费股比较坚挺，像澳柯玛这种生产冰柜冰箱、用于"囤货"的股票也相当坚挺。

A 股市场越来越"年轻"，曾经 10 年都稳定地保持在 3000 点，一下 3000 点等于回到了青春期。这个时候，我们是应该抄底，还是持币继续观望？这好像是一个世纪谜题。

每次到达 3000 点而胶着的时候，大盘都会毫无意外地大跌，奔着 2850 点一路绝尘而去，人们都在猜测缺口之后是什么走势，期待能够筑底成功。或许在若干年后，当你在你私人小岛的沙滩上的躺椅上晒着太阳时，不远处是你的仆人们在压低声音窃窃私语、草坪上你的直升机在随时待命，远处是你的游艇在海浪中轻轻摇动。而在更远的小岛外，人们都在议论你这个低调的神秘富豪，而你心里明白，一切的一切都是源于 2022 年 4 月末，你在 A 股重仓抄底了。

政策市是我国 A 股的特点。股市上的龙头企业能够拿到融资，不断发展，带动就业率、GDP 的增长。我认为，在多点政策烘托的前提下，未来有以下几个板块会有所表现。

1. 大型煤矿快速恢复生产，简化审批手续（利好煤炭开采企业。煤炭行业作为国内开发比较早的资源类企业，"九龙治水"的审核过程虽然能够一定程度上保证安全，但是经过数字化的提升后，其实完全可以简化再简化。成熟行业非要用传统的方式去管理，也违背了现在"事急从权"的天时）。

2. 应重视粮食安全和猪价回升的影响（利好双汇、中粮系股票等。民以食为天，一顿不吃饿得慌）。

3. 减税降费，更多行业实施存量和增量全额留抵退税（利好诸多行业。医疗健康股票经历了一轮轮下跌，终于迎来了税收的补贴和退税的利好政策）。

4. 砸锅卖铁保证就业（利好大学持有的上市公司。保就业很大一部分是要让毕业生不要面临毕业就失业的困境，也是为很多家庭解决困难。很多大学可能会在财政支持下，对创业支持孵化和校内就业等渠道进行拓展，并可能成为重点补助的对象）。

5. 水电投资增加（利好水利水电工程股以及储能概念股。虽然国内的水电开发已经超过 50%，并且按照生态环境保护的要求，开发不能超过 30%，但这是最低廉的发电模式，不应该放弃，毕竟光伏、风电带来的红利还没有显现，发电价格也偏高。发电侧需要储能充当重要角色）。

6. 再开工一批能源项目，如核电、水电、特高压、大型风电光伏基地、煤电等。普惠小微贷款、贷款延期支付、汽车、地产、基建等也是老生常谈了（新基建、电力等已经提过很多次了）。

基建行业一直以来是国家和地方政策关照的行业，不只是因为它们属于劳动力密集型行业，能够解决就业问题，更重要的是它们代表的是诸多行业的根基。而新基建完全是按照科技的走向，搭建未来的基础设施，也是新的机遇。在很多行业还在厚积薄发的时候，基础设施会让行业生态化加速，从而扩大就业和收入，让触手伸到各个细分行业，孵化出不同的独角兽。这种投资机会无论是短期的还是长期的，都不容错过。

降息后的楼市能拥有强劲动力吗

房地产行业在 2021 年经历了不堪回首的断崖式整体"陷落"，各大地产商无法偿债，低价卖房求生存，宁可不再要交上去的保证金，也要把到手的土地原价交还给政府。曾经靠土地收入为主要来源的地方政府也因此受到了牵累。靠地产和工程生存的人至少有几千万，都面临着失业的问题。

2022 年，房贷 15 年来首次负增长，毕业即失业的状况和各行各业不断大规模裁员都成了断供断贷的不稳定因素。银行从债权方变成了真正的房东，虽然收了一堆房子，但不会管理和租赁，不但造成了资产的闲置浪费，而且违背了居者有其屋的基本原则。房贷负增长说明了经济增长乏力已经让刚需变得不再那么迫切，即使房贷利率下降一些，也未必能够刺激人们的购房意愿，更别提改善型住房的购买者了。

正因如此，国家纷纷出台相关政策来了，并各派出机构按照"因城施策"的原则，指导各省级市场利率定价自律机制，根据辖区内各城市房地产市场形势变化及城市政府调控要求，自主确定辖区内各城市首套和二套住房商业性个人住房贷款利率加点下限。

我前面分析过，房贷降息在现阶段虽然对楼市有刺激作用，但只会维持极短的时间，波澜微微起伏就会归于平静。楼市的核心不在于是否有需求，而在于需求是否有货币来支撑，兜里没钱也无法贷款买楼。虽然信心比金子更重要，但实体经济恢复的不确定性使大家都对未来比较迷茫，信心不足。

尽管房贷降息利好买房人，但供房贷的人的经济状况一旦出现恶化就会出现断供的现象，最终银行会承担所有。大量房源积压在手中，可能造成社会资源的极大浪费。人们手里有钱，才有可能买房子和供房贷，讲到底还是需要有稳定的经济环境和工作岗位。

目前，我认为可以在以下几个方面有所动作，来使降息实现积极影响。

1. 快速复工复产，让实体店铺的小业主们的工作充实起来，让人们有收入。为房产所有者、租赁者适当免除租金，让利于民。

2.在货币政策宽松时加磅无可厚非，更需要节流，减少无效建设，减少大型活动支出。加速市场化创业人群的流动性，可以减轻税收供养负担。用市场行为让劳动力归于市场。

降息不是万能的，需要组合拳，更需要重拳。

通胀后我们该投什么

2022年，通胀占领了各大媒体版面，资金避险和资产保值增值又成为热门话题。

通胀本质上就是社会总需求大于社会总供给，说白了就是社会上钱太多了，有用的资产变少了，花同样的钱买不到原来的东西。

这几年通胀一直都是热门话题，尤其是在欧洲、俄罗斯等地区，通胀与社会和经济的稳定性有关。假如发生局部战争，或者面临大规模不稳定事件，就业率降低导致经济后退，这些都会减少优质资产的数量，进而影响社会总资产的价值，引起价值和价格重构。这自然会以货币的形式进行量化判断，最终确定高于原值的价格，资产泡沫便出现了。通胀规模增大后，即使花了100元钱，买到的还是原来只值10元钱的商品。

个人的钱多多益善，社会上的钱还是保持平衡为好，不过这就跟实验室里面的真空效应一样，在真空内的实验效果是最好的，但是实际应用中又怎么可能全在真空中操作呢？通胀条件下，货币数量的增加有利有弊：对石化、煤炭、钢铁等资源行业以及零售、航空等消费行业都是有利的，不过对于工业品终端企业，如果通胀来得过猛过快，销售价格提升滞后，那这些企业就会阶段性地产生现金流断裂现象。

通胀的表现是购买力降低。老百姓赚钱不容易，如果钱放在自己手里每天都会缩水，一定会心疼得要命，那么就一定要考虑持有什么资产才能保值和增值。缺乏投资渠道一直以来都是大家讨论的热门话题，除了楼市就是股市，大类资产配置也轮不到只有几万块钱的老百姓出手，所以在楼市和股市里面驰骋就成了"真命题"。资产管理不但涉及投入的资产比例，也涉及风险对冲是否能够做足，保证资金按照自己的风险偏好，保持稳定增长。银行存款和理财是风险厌恶型投资者的选择，但大量的存款也可能会让银行找不到好的资产付出存款利息，便只能开源给中大型企业和国有企业，扶持中小微企业发展，同样是投资池的概念，只要池子里的大鱼小鱼都在成长，即使遇到暴风雨或者有人偷鱼、电鱼，也不会影响鱼塘整体的收益。

对于资产管理新手甚至是没有意识的老百姓来说，选择方向很重要。要如何选择适合自己的方向呢？

首先，可以选择固定资产投资，比如买"砖头"。房产在自己手里，是可以住的，也可以用来出租，还可以增值。房产投资在国内是传统的投资方式，需要考虑的因素无非就是地段、房屋本身的户型和朝向等因素。

其次，可以持有和购买黄金。黄金可以把玩，可以传家。除了房子之外，黄金绝对是抗通胀神器之一。

最后，如果不想买实物，那可以成为龙头企业的股东。可以在股市买入估值偏低的资源类、黄金行业、房地产开发、食品饮料、医药等行业的股票，目的就是争取能够跑赢通胀。至少从理财的角度看，除了有存款在银行买理财产品或者吃利息之外，还是要懂得"鸡蛋不能放到一个篮子里"的道理，在高风险、高收益的股市里面配置现金奶牛或者优质资产包。

资产包的优质与否会影响整体收益，很多不可抗力因素会使投资在投资人选择进入的那一刻起，就已经不在他的控制范围之内了，除非在赎回资金后，投资人又能恢复对钱财的掌控。所以，第一道门就是最后一道门，买定离手，输赢自负。"投资有风险，买入需谨慎"这句耳熟能详的话正是在提醒我们事前风险控制能力的重要性，风控一直是投资中最重要的一个环节。

第 3 章

观察投资常青树能悟到什么

投资可能是最简单的事，只需两步：把钱从 LP 那里拿过来，再把钱投出去。这把大象装进冰箱还少一步，门都不用关，因为后续还有不少投资人要进来。

投资可能又是最困难的事，既表现为募不到资金的焦虑，又表现为做投资决策时的纠结，以及在投后管理时担心企业发展不好的忧虑。投资不仅是脑力活，也是体力活。不管多知名的投资人，都可能有败绩；不管多牛的常青树，都有打盹儿的时候。不要迷信权威，即使投资是他的专业，也有很多不愿意为外人道之的心酸之处。

反过来看常青树们的投资策略，不管背后有多么充分的论证，最后都有可能面临失败，论证只能证明当时的或历史的数据是有道理的，不代表企业能在资本的加持下发展得好。

美元投融资逻辑重构：软银投资财报的启示

2022 年 5 月 12 日，孙正义在日本东京公布了软银集团 2021 年财报，净亏损为 1.7 万亿日元（约合人民币 893 亿元）。意想不到的是，曾经风风火火的旗下愿景基金 2021 财年净亏损高达 2.64 万亿日元（约合人民币 1400 亿元）。

孙正义在一级市场投资阿里，一战成名。只要软银投过的项目，下一轮融资也都能如愿得到知名机构的加持。这次年度财报的公布让风投领军人物的口碑"谈笑间，樯橹灰飞烟灭"，也让许多仿效和追随孙正义的投资机构开始反思了。

过去，美元基金投资的多是 To C 的企业。这类企业没有太多的技术含量，靠的是团队集思广益出来的商业模式，需要用大量资本去验证某种商业模式的可行性，推断某种商业模式能否颠覆传统商业模式，哪种产品能够迅速占领市场。一旦确认，这些企业就会用大笔资金去推进渠道建设和招聘人才，后续会通过打价格战挤出竞争对手，达到一定的市占率甚至半垄断状态后，再对消费者提高价格。说到底，前面经营的战略性亏损，最终都需要消费者来买单。一种模式的输赢是消费者选择和培养的结果，最终都是消费者承担成本。

这种投资逻辑盛行十多年之久，为很多美元基金所效仿。然而，全球经济在新冠肺炎疫情肆虐下遇冷，二级市场颓势不断，假如一级市场的投资机构依然不管不顾地按照上述投资逻辑行事，一定会出问题。数十年来，在软银投资逻辑的影响下，多数此类企业都按照软银投过企业的模型给自己计算了一个居高不下的估值，由此可以找到足以支撑自己"烧钱"维持"战略亏损"的经营理念变现，且不断磨合、试错直至可能成功的路径。如果企业家还是端着、高高在上，非要把估值和名义上的身家当回事，那么很有可能在 C 轮之后、在 D 轮或者后续任何一个轮次失败。

历来，投资机构做 PR 也都是符合人性的诉求，人们听闻的一定是某些人和组织想让人们知道的，"造神"的逻辑一向如此。不管多么知名的投资机构，都有很多失败的案例，虽然投资标的是一个项目池子，有一个投资项目的收益覆盖整个产品的预期就可以，但也并不是谁知名谁就能成功。成功只代表了过去，不代表未来都能够成功。

现如今，仍然有很多热门行业的企业还在坚持不降低自己的估值，即使对标企业在二级市场已经很惨。我想来个灵魂拷问三连：

- 流动性弱的一级市场股票怎么能总与流动性强、随时可以售出的二级市场股票比肩？

- 销售收入比上市对标企业小数十倍甚至百倍的行业末位企业怎么能与龙头企业比？何来龙头具备的估值溢价？
- 知名投资机构投过你不代表你就稳了，哪个知名机构没有几个业绩差的投资合伙人？有人加持难道就代表着你能活下去吗？

活跃在投资界的有不少都是自视过高的企业家和自以为是的投资人。他们投资的逻辑是以过去、以他人、以想象为准绳。投资人没有在企业做过管理和经营，企业家没有通过投资人的视角看自己企业的价值都属于换位思考不够充分，很可能找不到对方的真实诉求。投资人以为投后管理是虚的，企业家有了钱肯定会发展得好，还能配合我到各地去落地产能，配合组建下一期基金；企业家认为投资人投过钱就算告一段落了，剩下的融资，他们肯定比我还着急，肯定会帮我找到后续的资金。这种互相利用而不是互相赋能，无疑是一种很落伍的投融资理念。

投资过程中的讨价还价没有错，但是企业要价过高以至于投资机构谈都懒得谈，无异于自掘坟墓。假如某个项目在市场上飘了很久都没能获得投资机构认可，那基本上企业就离倒闭不远了。估值价格是一种诚意和自我认知的表现，无需物美价廉，只需价货匹配，才有可能避免融资失败、公司倒闭或者二级市场倒挂。

在募资困难的现如今，要钱，没有那么多钱了；靠资本市场，市场也不是那个市场了；靠投资人，人也快走光了。只有投资机构和企业家互相帮衬、互利互惠，才能走得更顺畅、更长远。各位且行且珍惜。

再用势道术解读巴菲特的价值投资

巴菲特被世人誉为"股神"。他秉承价值投资理念，管理的伯克希尔·哈撒韦公司业绩良好。他也一直是我们投资人钦佩和模仿的对象。价值投资如何理解？我习惯用老子《道德经》中的"势、道、术"三个字来解释。

"势"是宏观市场分析，是全局战略规划。

从巴菲特最新公布的前 15 大持仓股票来看，有信息技术公司（如苹果），有大消费行业中的公司（如可口可乐），有新能源行业中的公司（如比亚迪），有金融保险行业中的公司（如国民赔偿保险公司、通用再保险公司，包括刚刚收购的阿勒格尼保险公司），这些公司都与人们的基础消费和消费升级息息相关，属于人们不得不买单的行业。巴菲特看到了这些行业的长期持续性，也看到了更新迭代的行业前景会造就更大规模的消费场景。

"道"是弄清楚细分行业的门道，挑选行业中的好公司下重注，找不到好公司就不下注。巴菲特的持股集中度非常高，前15大重仓股占组合比重88.6%。但是，从2021年年报来看，伯克希尔目前组合中现金的仓位占比在20%左右，有约1440亿美元。为什么持有这么多现金？巴菲特在报告里也实话实说，是因为目前他和芒格没有找到更好的投资机会。不过股东大会说伯克希尔·哈撒韦公司已经减少了现金持有量，在2022年一季度减少了300亿美元左右的现金储备，投资阿勒格尼保险等几家长期看好的公司。

"术"是投资人要具备专业能力，并且要有协助尽职调查的专家。

1964—2021年间，伯克希尔·哈撒韦公司的年化复合回报率为20.1%，平均每年领先标普500指数近10个百分点。在行业中选择企业也是优中选优。这就要求专业人士要做专业的事：投资机构从业人员的专业素养要足够，要用全球化的视野来综合判断被投标的的价值，通过尽职调查对感兴趣的企业完成考察，对上下游客户、行业专家、科研人员、同业人员进行访谈，深入了解企业本身存在的问题，并提出相关整改建议，判断风险会不会影响企业未来的发展，在经过一系列商业谈判之后锁定合适的价格，并进行投资。

伯克希尔·哈撒韦公司的总部位于美国奥马哈，其办公室只有 25 个人。不过，随着巴菲特控股收购了大量的优质公司，在尽职调查过程中，除了能够使用旗下公司的数十万名员工，还要借助在行业中深耕多年的管理者和核心岗位骨干的知识储备，对行业深层次的专业问题和细节进行判断，结合行业周期的发展阶段，找到合适的投资节点，用较低的价格投资进入。然后，再通过对优质控股企业的管理、技术、人员、渠道、产品等多方面赋能，提升被投标的的估值或者股价，拉高安全边际，在年化平均收益率上获胜。

《礼记·中庸》有言："凡事预则立，不预则废。"势、道、术虽然很重要，但最重要的是通过自己的努力将风险控制做好，尽量保证投资的收益，避免辛辛苦苦得来的血汗钱打水漂。巴菲特管理着巨量资金，最新公布的前 15 大持仓中，有 11 家是美国企业，3 家日本企业，1 家中国企业。在全球范围内寻找合适的投资标的，真正地遵循价值投资理念，知易行难。

用"势、道、术"解读巴菲特的投资理念，投资人要怎么做才算合格？我认为，投资人的逻辑就是摸清规律、遵循规律，做好适当的价值判断，快、准、狠地完成投资。

马斯克出手 Twitter 猜想

2022 年，特斯拉首席执行官埃隆·马斯克与 Twitter 董事会达成最终协议，以每股 54.2 美元的价格对其进行收购，交易价值约为 440 亿美元。路透社报道称，Twitter 交易已获得董事会批准，目前尚需股东投票表决。分析师表示，预计不会有监管障碍。在与 Twitter 方面达成协议后，马斯克称，"Twitter 就是一座数字言论广场，对人类前途攸关重大的事情可在这里讨论"。在 Twitter 接受马斯克收购提议的消息传出后，Twitter 股价收盘上涨 5.66% 以上。

在收购之前，我有过的一些猜想也部分得到了验证。马斯克后续还会不会又更新的动作，就要等等看了。Twitter 作为媒体平台受追捧已久。全球的政治家、企业家都异常看重媒体在民众中的影响力和导引性，无论是对政权的巩固，还是在鼓吹企业文化和战略等方面的作用，主流而强大的媒体资源是无与伦比的顶级配置。马斯克作为已经用实际行动改变人类生活的科学家，是想要通过 Twitter 的舆论平台在政治舞台上有所作为，还是想在新的科技领域实现自己改变世界的梦想？

按照马斯克的老路子，这次收购之后，他会建议将 Twitter 的算法开放源代码，这样就像国内造车新势力以及老牌车企对特斯拉的源代码开放一样，很多媒体平台都能够百花齐放，想尽各种高招从数据分析、调查研究客户画像等方面发挥主观能动性，挑战 Twitter 的江湖霸主地位。因此也会促使媒体在时效性、可读性、创造性方面更加下功夫，更加注重受众们的感受，注重媒体平台真正服务的人群和表达的意图，最终找到适合自己的发展方向。

"机器人"是媒体上常见的通过大数据筛选出来的热点话题，其中有很多虚假账户，不管是碰热度、伪造阅读数据，还是发表言论引发矛盾争执、带热话题，都是这些"机器人"在出现之初就设定好的。就这点恶习或者运营潜规则，马斯克说要粉碎通过编程来回应特定话题推文的虚假账户，也就是"机器人"，这样就能在最大程度上避免发生"劣币驱逐良币"的现象，实现用户"用脚投票"的真实意思表达。虽然这在一定程度上扩大了头脑风暴的范围，增加了信息大爆炸的可能性，但是也对利用媒体做宣传的广告主有一定影响。话题营销本身就是一种广告形式，大量的硬广告要配合软文出现，以达到受众熟悉产品的目的。如果将话题制造机器人屏蔽了、纯靠人工，那么对支撑数据分析的算法的要求就会更高，也可能会出现不少人为主观的错误。当然，如果这是马斯克本人喜欢看到的，那也因此可能变成真实反映人性的多个爆点，这本身就是新闻的组成部分。

不过，花巨额资金收购后，马斯克还是希望能够真正地实现言论自由，其实新闻只要真实就可以了。舆论代表了有着不同三观的人群对事物的看法，也是成长环境、学习背景、自身利益诉求等多方面因素的综合体现。真实地表达自己的想法很有可能会给别人造成不利影响，还有可能触犯不同国家的法律、法规。在善法约束下的自由是合法的，只要秉承基本的道德准则，人的言论自由是一定值得维护的。我们希望马斯克从市场和资本的角度来认知言论自由的可贵，也能够用他认为的行之有效的方式来推进言论自由。

脑机接口、星链、火箭回收……特斯拉作为日常代步工具反而成了最保守的发明。Twitter 作为传统的舆论传播平台和工具，其实也是一种以商业模式为主的创新。按照马斯克以往的吸睛操作，虽然可能把话题中机器人的部分摘除，但依然不能摆脱媒体本身是传播介质的本质，要想维护平台巨额的运营成本，不牺牲一点个人理想可能是很难成功的。那么作为言论自由的提倡者，这是否会成为法外之地？网络暴力、网络犯罪、网络的劣根性是否会因为自由而无限放大？传播速度惊人的网络会好坏通吃，在同样的时间里通过传媒介质将信息送达到读者。弱化了媒体创立和运营者的权力，同样也增加了网络中不良内容的传播概率。孰好孰坏，只能观后效。

曾被围捕的独角兽会让知名资本落荒而逃吗

2013 年，风险投资家艾琳·李（Aileen Lee）提出了"独角兽"一词，用以形容那些估值 10 亿美元或以上、未上市的初创企业。诸多行业的新兴龙头企业被资本追捧而成为独角兽。在互联网科技、半导体、机器人等行业的企业中，独角兽频出。投资独角兽最拿得出手的理由就是这些团队的成员很多都曾是大公司的高管、骨干，而且他们也是企业界的翘楚和资本眼中的红人。不管他们因为什么离开原来的公司，放弃优厚的待遇，离开稳定且熟识的平台，他们肯迈出这一步至少都说明他们不甘寂寞，不安于现状，想做出一番事业，并且有可能带领新的团队再创辉煌。

按照市场规律，创业者至少拿到能够保证企业生存六个月到一年的钱，才有胆量创业。以半导体行业为例。互联网浪潮已经逐渐散去的情况下，面对火爆的半导体行业，资金是最不矜持的，只要是世界知名半导体企业出来的中层职位的创业者，投资人都会义无反顾地投给他们，并且不夸张地说，天使轮、Pre-A、A 轮甚至更后面的投资人都已经确定了——天使轮进去就是赚到，大不了在 B 轮把本金先退出来，后面跟着坐轿子就是。这种火爆程度导致这些人纷纷创业，毕竟即使创业失败，也是一段光鲜的经历，反正烧的是投资人的钱，趟的是自己想走的路。抱着这种心态的创业者大有人在：给自己发高工资，给跟着自己出来的元老的工资也不会低，核心骨干和员工就可以靠画大饼来支撑了。

在这类轻资产公司里，资金除了部分用于测试设备和备料支出，基本都用来寻找人才，以尽快出产品、做宣发 PR，然后再引入下一轮投资，周而复始，直至上市变现。在寻找人才时，不惜给竞争对手的骨干、高管双倍工资，只要过来就可以。最好挖的人就是体制内的科学家或者技术专家。说服他们并不难，因为有大量的先进实验级机器，有能力匹配的同事，有未来可以变现的期权，还有可能变成独角兽的大平台，有短期内就可以提高的工资奖金。

抢人大战一直都存在，竞争对手越多，人才的价值越能得到体现。不遗余力地抢人也成为一些猎头活得比较滋润的原因。不好说的话，猎头来说；不方便做的事情，猎头来做，不管用什么方法，人能来就行，该付的费用一分钱都不会少。

21 世纪，人才最贵。人才稀缺的半导体、机器人等风口上的行业，抢人的速度已经超过了裁人都来不及的互联网行业。

前些年，独角兽在投资人眼里是非常值得投资的，后面会有大量的中小投资机构愿意跟投，抢份额。自从二级市场逐渐变冷以来，像 SAAS、机器人、医药等行业也开始逐渐"退烧"。原因是投资人担心一二级市场倒挂，上市之时便是基金产品亏损开始之日。上市不是最终目标，在退出的时间点能够让前面一级市场的所有投资人都能赚到钱，才是不让资本寒心的基本原则，否则一切都是空话。

独角兽遭遇冷遇也绝非只有上面一个原因，现在大家对其中的套路已经摸得比较熟悉了：先把团队，尤其是实际控制人或者技术领军人物的"人设"立起来，运用各种方式"造神"，然后圈钱。最终买单的是谁？还是投资人，实际上投资机构的 LP 才是最惨的受害者。如果是盲池基金还好，如果是搭建了专项基金来投这只独角兽，那么基金就会彻底成为创业者的牺牲品，变成创业者自我心理和职业路程脚下的"腐殖质"。

是否有技术含量不能只看团队。团队成员如果是从大公司出来的，那么很多人都曾签署过竞业禁止和保密协议，那些带着产品和研究成果出来的团队更危险。如果尽职调查搞不清楚，可能会给创业公司带来灭顶之灾。

知名资本有很多，但现在投资都是秉持谨慎的态度，主要是它们的兜里确实也没多少钱了，也不想再自废武功去追捧这些虚无缥缈、上市遥遥无期或者上市之后不知何年才能退出的独角兽们了。

赛道不熟，不要乱入

阿基米德螺线（亦称等速螺线），得名于公元前三世纪的希腊数学家阿基米德。阿基米德螺线是一个点匀速离开一个固定点的同时，又以固定的角速度绕该固定点转动而产生的轨迹。在投资中，它意味着投资的念头周而复始，永无止息。但是如果投资人不熟悉赛道，那么可能就会面临永不止息的失败。

2022 年 6 月 26 日晚，"红衣教主"周鸿祎掌舵的 360 发布放弃哪吒汽车增资权的公告。公告显示，360 全资子公司三六零私募基金拟将其持有的对应哪吒汽车 3.53% 股权的出资权转让给两家有限合伙企业，对应的增资额为 10 亿元。此次股权转让完成后，360 仍持有哪吒汽车 11.4266% 股权。值得注意的是，本次转让对价为 0 元。周鸿祎带出了市值曾经高达数千亿的 360，现在该公司的市值已经缩水了一半以上，在不熟悉的领域砸了很多冤枉钱，即把认知之内赚到的钱亏在了认知之外的领域。

现在，新能源车、芯片半导体、医疗大健康、数字孪生、元宇宙等都是非常火爆的赛道。在资本的追捧之下，这些行业中的企业一天一个报价，还需要看关系给投资额度，这种关系非常畸形。假如哪个赛道火爆就赶紧抢入哪个赛道，那跟那些追涨杀跌的散户有什么区别呢？在得到消息后第一时间追涨，很容易第一时间被套。二级市场还有翻盘的可能性，一级市场由于流动性不够畅通，被直接清零的可能性也是存在的。阴沟里面翻船的投资人很多。在综合类投资机构中，有不少机构原来投的是大消费领域，后来因为合伙人少，既不想发展新合伙人，也不想放弃新兴赛道，就会在内部发展出战略创新行业（如新能源行业）的合伙人，理由竟是这位合伙人原来是学化学的。

不懂就不要乱入赛道。不能因为看了几十篇研究报告，听周围人们天天耳边吹风，就认为赛道满是黄金。每个行业，即使是新兴行业，水也是很深的。总要有一些新产品通过新业态展现出来，而从业人员由于思维和工作惯性，又不得不采用原来自己最擅长、最能赚到钱的模式，而这种模式是经过市场检验的，更容易赚到钱。所以，不懂玩法，就更容易被坑。

成功的创业者可以管理大集团，可以业务多元化，由专业人士来管理不同的业务板块，只要他懂得知人善用，大致不会出现问题。投资就是两码事了，一旦资金出了自己的手，没有监管措施，没有派出财务人员或管理人员，假设被投标的的企业家又不知进退，就很难在出问题时及时止损。

同样，投资人想要作为管理者去管理实体企业可能也会眼高手低，拿投资那一套理论来经营，用尽职调查对企业的商业模式进行分析来调整经营策略。按照这个逻辑，投资人可能会在管理上遭遇滑铁卢，如果一直坚持，那可能就真的形成了阿基米德螺线。

也有对赛道不熟悉，只是因为有资金支持，加上自身兴趣所致，押上全部的投资人。我见过一位投资人 A，做过很多并购重组和投资业务，在券商投行和大型投资机构都做过执行层面的负责人，加上之前他对很多企业做过尽职调查，他觉得自己做一个百亿级别上市公司的总经理没有问题。这也成了他的一个心病，觉得投资不如做实业管理有成就感。他借着投资数十亿收购某上市公司的东风，在前面铺垫了很久的路子终于通了，便用尽各种办法说服了公司高层和 LP 让自己介入公司管理，委派他做上市公司总经理。

这家上市公司属于医疗行业，A 不是学医学药的，学金融出身的他便开始了自己的实业"创业"之旅。新官上任三把火，A 做了不少事情，提升了自己的威望，保住了投资的胜利果实，他还完成了公司市值的任务，以便完成他的 KPI 任务，但是他的很多做法都让公司的其他高管无所适从。最终，公司市值一跌再跌，股民不满意，大股东震怒，A 在董事会的集体投票中黯然退场，成了眼高手低的案例，也成了他人生中的败笔。

投资失败损失的是资金，背后暴露的却是投资人的判断能力和实操能力，也会对未来的职业生涯产生非常不利的影响。

从曾经火爆的消费投资看投资机构裁员

曾几何时，一线投资机构看好消费品行业，不断投出成为网红的饮品、食品、面膜等，理由是这些产品的市场足够大，很容易被用户记住，对投资团队和机构的知名度也会有较大的提升。一线投资机构的春天往往很短暂，在产品上当场遭遇冬天也不是第一次。钟薛高曾经火了两次，一次是作为网红产品，价格高，宣传满天飞；另外一次是高温不化。麦趣尔往纯牛奶中加入过量香精，曾经销售火爆的产品在各大平台陆续下架。

大消费，尤其是食品类快消品一直都是消费投资团队的最爱：现金流充裕，品牌打造快，品牌耳熟能详后的忠诚度高，供应链在国内，也不存在断货销售的问题。消费投资也应该反思了，食品安全无小事，为什么添加剂问题屡见不鲜，层出不穷，却总是得不到重视，问题无法解决呢？食品安全是企业家的良心，消费投资最怕碰到没良心的企业家。最近，某自媒体平台销售的某休闲食品意外成了爆款，创始人赶紧飞去食品工厂做品控。好吃只是带给味蕾的愉悦感，食品企业真正要做的是不要让各种添加剂引发身体的慢性疾病。人活一世，也就百年，很多病都是吃出来的，甚至找不到根源的。添加剂成了改变口味的利器，也成了让人生病、改变命运的源头。

据我所知，很多综合类投资机构的消费板块都在裁员，可以说是不约而同。快消品一直以来都是消费板块的首选，其次才是消费类平台，因为消费类平台（如生鲜类、社团团购类）的日子不好过，风险更大。保险一点的做法就是投一些网红产品，表面上稍微保险点，至少有质检部门帮忙把关。不过，裁员的原因除了食品安全问题之外，还有消费投资确实不好干了，诸多美元基金在国内的投资团队都找不到项目。因为消费投资的投资逻辑发生变化了，通过广告打品牌、铺渠道是获客的主要方式。砸钱铺广告、铺渠道、交上架费，撑得过45天或60天的账期就能活下来，层层传导财务成本，有供应链金融撑着，也算是不错的选择。投资团队也觉得这是比较惯常的发展路径，看着创业团队拿出来的资金使用计划，虽然心疼，但也觉得正常。

为什么投资机构的消费组要裁员呢？答案是企业不好选。万一碰到钟薛高和麦趣尔这样的情况，下一轮的投资人就要斟酌再三：这些"不良"社会影响会不会发酵？会不会被调查？库存产品会不会真的变成"库存"？这些都是麻烦事，所以盲池烧钱堆品牌的风险可能只在一朝一夕便能享受到"日落"时光。

还有更重要的一点是，大牌美元基金很多也都没钱了，没钱怎么办？有点钱也不舍得再到处"撒币"，没办法铺开那么大的摊子，要组团才能捧出一家消费企业，所以要有重点。现在大牌、老牌资本都拿不到钱，小一点的投资机构就更是如此了，找到钱再把人招聘回来也不迟。

现在快消品巨头很多，很多新巨头也是老品牌，即"老树"发出来的"新芽"——老品牌开始打全系列产品，新入局者就更难打开市场。消费品的获客成本据传已经到了每人 200 元，于是就开始有人通过小样、试用装来打广告——消费者花一分钱扫码就能领到一个试用装，用得好再买正装。我觉得这是个不错的生意，获客成本降低了不少，客户黏性也有了。

所以，投资人和创业者是双向奔赴的，千万别互相斗。

第 4 章

新能源车带来的投资机遇

《宋史·窦仪传》记载，宋代窦禹钧的五个儿子仪、俨、侃、偁、僖相继及第，故称"五子登科"。现在，"五子"已经演变成房子、车子、票子、妻子和孩子。车子是人生的一个重要棋子，既是代步工具，也可能成为某种判断标准。

开燃油车的人之前都瞧不上新能源车，说开着没劲儿，听不到机器的轰鸣声，闻不到燃油的香味，更是比不上燃油车的高档。随着新能源车的电池、电机、电驱动系统的不断升级，以及燃油价格的不断上涨，新能源车的二手车可能比一手车贵，这是从未出现过的现象。其实也是说明，新能源车时代来临了。我们可以明确的是碳达峰、碳中和一直会伴随我们到 2060 年。

碳达峰指的是在某一个时点，二氧化碳的排放量达到峰值，之后逐步回落。碳中和指的是排出的二氧化碳或温室气体被植树造林、节能减排等形式抵消，最终实现二氧化碳的"零排放"。这个"零排放"必须加上双引号，其实质是"收、支相抵"，并非是真的完全不排放。

我们再来看看投资领域。无论是在一级市场参与新能源汽车巨长产业链的企业，还是简单地买入二级市场新能源企业的股票，都属于态度的认可，对大势所趋的认可。这不是盲从，是对时事的明智判断。

新能源车轮滚出未来

碳中和不只是中国的使命，也是世界各国的使命。石化原料带来的碳排放已经影响到了全球气候，近年两极温度屡创新高也是一种警示。电动汽车和氢能源汽车的道路之争已经不重要了，重要的是燃油车将逐渐退出历史舞台。新能源锂电池行业方兴未艾，来势汹汹。锂电行业放到大周期来看，产能和需求仍然属于低点。

在资本的力量没能跟得上生产效率提高的节奏时，生产产能的提升也会有顶点。新能源车需要3～6个月的交货周期，这并不是饥饿营销，确实与锂矿、材料、电池的产能断链有关。由此可见，新能源在下一个大周期依然是上涨趋势，短暂封顶的"闪崩"不管是不是因为某个人的言论，都不会影响未来几个月，甚至更长一段时间内投资者的蜂拥而至。我们可以从各国传统燃油车的退出时间表来观察新能源车未来的增长趋势：挪威宣布将于 2025 年实施禁售传统燃油车；荷兰、美国加州、德国和印度宣布将在 2030 年禁售传统燃油车；法国和英国则将于 2040 年禁售传统燃油车，其中英国停售的不仅是燃油车，还包括油电混动汽车。

让我们再来看看各个主流汽车品牌的退出时间表。

通用汽车集团计划于 2035 年开始停售燃油车，并在同年将旗下的产品过渡到零排放汽车以及纯电动汽车。通用汽车旗下的凯迪拉克、别克和雪佛兰等品牌的产品都将取消燃油发动机，进入电动零排放时代。

梅赛德斯－奔驰计划 2025 年实现纯电动和插电混动车型销量占总销量的 50%，2030 年停售燃油车，即 2030 年新车销售基本转型为纯电动车型。此外，自 2025 年起，奔驰所有新发布的车型架构将均为纯电平台，其每款车型都将提供纯电版本选择，届时奔驰还将推出三个全新纯电车型架构平台，分别覆盖所有中大型乘用车、性能电动车、纯电 MPV 和轻型商务车。

宝马集团将于 2030 年在欧盟停售燃油车，其预计到 2023 年在中国市场推出 12 款纯电动车型，覆盖目前几乎所有细分市场，到 2025 年，宝马集团在中国销售的汽车中，至少有四分之一将是纯电动车。

大众集团是发力电动化较早的跨国汽车集团。2021年大众和奥迪宣布将停止内燃机研发，2025年奥迪品牌将推出旗下最后一款全新燃油车型，到2030年奥迪将停售燃油车型，而大众品牌则宣布2035年在欧洲市场停售燃油车。2021年3月5日，大众集团表示，到2030年，大众品牌在欧洲销售的新车中，电动汽车占比为70%，而中国和美国市场占比为50%。2021年6月，大众汽车相关负责人表示，大众品牌将于2035前停止销售传统燃油车，届时将全部生产、销售纯电动汽车，不过这一计划也仅仅只针对欧洲市场，中国和美国市场的停售时间将相对推后一些。

丰田计划于2030年在中国、欧洲、北美地区停售燃油车。2021年12月，丰田推出了15款电动车。2021年12月14日，丰田章男携15款全新电动车亮相电池电动汽车战略说明会，并宣布了一项长达10年的电动汽车计划。丰田章男宣布将在2030年前投入350亿美元作为电动车研究资金，在此之前，丰田将在全球推出30款电动汽车并实现350万辆的销售。其中，在中国市场，2025年丰田和雷克萨斯将导入35款新电动化产品，包括10款纯电车型，到2035年雷克萨斯则全面转型为纯电品牌，只销售电动汽车。

本田汽车计划于2040年停产燃油车。2021年4月，本田汽车称，2030 年纯电动和燃料电池车型将占汽车总销量的 40%，2035 年达 80%，2040 年增至 100%。2022 年 1 月，本田汽车中国本部长井上胜史称，力争到 2030 年销售 80 万辆纯电动汽车，并指出："如果不能在推进电动化的中国赢得竞争，就将被全世界淘汰。我们要改变全部领域，今后五年将决出胜负。"

2021 年 11 月 29 日，日产汽车正式发布"日产汽车 2030 愿景"。按照其规划，日产汽车计划在未来五年内投资 2 万亿日元（约 176 亿美元）将更多的产品线转为电动化。例如，在未来五年，日产汽车将推出 20 款纯电动车型和搭载日产 e-POWER 技术的车型，此外，日产汽车还表示将在 2030 财年（2030.4.1 ~ 2031.3.31）推出 23 款电气化汽车，其中包括 15 款电动汽车。日产汽车希望到 2030 财年，旗下日产品牌和英菲尼迪品牌的全球电驱化车型占比达到 50%。此外，日产还宣布计划到 2025 年后停售燃油车，并将把研发与销售方向转向纯电动与混合动力车型。

起亚汽车集团表示将在 2035 年欧盟市场停售燃油车，2040 年之前在韩国以外市场实现全面电动化。根据规划，起亚将在 2023 年引入纯电车型 EV6，至 2027 年起亚每年都会在中国市场推出全新的电动车型。销量上，起亚计划到 2030 年实现纯电动汽车 120 万辆的销量，其中，2022 年的纯电动汽车销量目标为 16 万辆，2026 年销量为 80.7 万辆，最终到 2030 年将实现 120 万辆销量目标。

比亚迪在 2022 年 4 月 3 日晚间宣布，2022 年 3 月起已全线停产燃油车，这使该公司成为全球首家宣布停止燃油车生产的传统车企。比亚迪在《关于停产燃油汽车整车生产的说明》中表示：根据公司战略发展需要，公司自 2022 年 3 月起停止燃油汽车的整车生产。未来在汽车板块，公司将专注于纯电动和插电式混合动力汽车业务。同时，公司将继续进行燃油汽车零部件的生产和供应，为现有燃油汽车客户持续提供完善的服务和售后保障，以及全生命周期的零配件供应，确保无忧畅行。

2018 年上市前，北汽集团就宣布预计到 2025 年全面停止销售燃油汽车，并计划到 2020 年率先在北京市全面停止自主品牌传统燃油乘用车的销售。从目前来看，北汽集团已进一步明确了这一目标，到 2025 年全面停售燃油车也仅是时间问题。数据显示，北汽集团旗下新能源汽车板块北汽蓝谷旗下拥有 ARCFOX 和 BEIJING 两个产品品牌，2021 年累计销量为 26127 辆，较 2020 年的 25914 辆微增 0.82%。

2017 年 10 月，长安汽车对外公布"香格里拉计划"，这项计划直指新能源汽车市场。根据该计划，长安汽车将在未来八年中累计向新能源领域投入超过 1000 亿元人民币，到 2025 年将实行全面停售传统燃油车。2022 年 3 月 26 日，长安汽车党委书记、董事长朱华荣还表示，随着新能源汽车的加速，中国燃油车市场竞争将更加激烈，2021 年传统燃油车市场现存 85 个品牌，其中 34 个品牌月销量千台以下，有 9 个品牌消亡。朱华荣认为，未来 3 ~ 5 年将有 80% 的中国燃油车品牌"关停并转"（即关闭、停产、合并、转型），简单来说，未来 3 ~ 5 年将仅有少数车企能够以燃油车的身份继续在中国市场发展，其他要么倒闭，要么合并，要么转型。

我相信，在不久的将来，在你我的有生之年，历史的车轮不再是燃油车的车轮，将会被新能源车的车轮代替。

新能源车行业成戴维斯双杀避风港

戴维斯双杀效应是指有关市场预期与上市公司价格波动之间的双倍数效应。在投资中，价格的波动与投资人的预期关联程度基本可达到 70% ~ 80%，而不断提高的预期配合不断抬高的 PE 定位水平，决定了价格与投资人预期之间的非线性关联关系。以前这个现象也被称为市场的不理性行为，更准确地说应该是市场的理性短期预期导致的自发波动。为了避免被双杀，关注新能源行业股票的朋友们会发现学习是必须的，应该多掌握"正极"的知识点，避免出现"一顿操作猛如虎，发现亏得只剩两块五"的结果。

众所周知，碳中和是大势所趋，做投资想赚钱一定要顺势而为，专注而致远。新能源汽车是绿色交通板块主力军，所在行业里既有正在转型的老牌车厂，也有疯狂来袭的造车新势力。现在准备在 A 股上市的新能源汽车公司来势汹汹，不断在上市前开启融资之路，也确实一路拿到了数以十亿计的投资，抢筹的资本无非就是看到了"蔚小理"在海外市场的突出表现，也想蹬起脚镫子，踏上历史的车轮潇洒痛快地骑一圈。

现在所谓的"蔚小理"格局是基于早先资本赋能带来的主观品牌认知，而不是根据产品竞争力、销量等客观数据来进行评判。换句话说，此前的格局是根据"蔚小理"的估值，以及资本市场对于新能源产品的认知而形成的。而这样的认知，又与更大的经济和市场环境密不可分。普通消费者对品牌的认可在很大程度上是由广告宣传的力度决定的，尤其是三四五线城市，随便一个造车新势力都会是大公司。在这些消费者眼中，大公司意味着什么呢？品牌就是实力的象征。大公司有好的售前和售后服务，车的配件一定是符合甚至超出行业标准的，以此类推，在销售二手车时，大品牌的车也会比小品牌的车更保值。

此前，"蔚小理"因供应链问题、客户需求降低，销量腰斩，均未过万辆。其中，蔚来汽车和理想汽车的数据同比大幅下降。

针对交付量的下滑，理想汽车联合创始人兼总裁沈亚楠称，自 2022 年 3 月末以来，全行业的供应链、物流和生产均被扰乱。

不过现在看来，这些造车企业现在还没有大规模抢夺上游资源，而电池及各大上下游企业却都有向全产业链发展的迹象，只要有财力就有实力，有实力就有掌控力。除了新能源车已经成为消费者购买的主要对象之外，储能大型风电光伏必备的物件，作为针对发电侧 To B 的拳头代表产品，磷酸铁锂性价比优势凸显，有了 C 位的感觉。2022 年第一季度，特斯拉生产的车辆中近一半车辆都配备了磷酸铁锂电池。不过，按照各家上市公司宣布的扩产计划，可能在不久的将来，电池行业确实存在整体产能过剩的风险。

生产电池的工厂铺天盖地地建设源于我们的动力电池技术在国际上处于领先，购买中高端汽车需要有强动力电池配置。动力电池由正极材料、负极材料、电解液、隔膜等组成，这些材料本身的配比以及纳入电池体系后的平衡配比，都是电池能够保持较高能量的重要指标。新能源车带来的电池繁荣自然刺激了生产以上四种组成部分的上市公司的股价，涨幅喜人。

新能源汽车产业链再往上追溯就是氢氧化锂、碳酸锂等这些一年内价格曾经涨幅 10 倍的原材料。近些年，原材料价格不断上涨，动力电池使用的镍、钴、锂的价格都是倍数级增长。动力电池涨价，比亚迪、特斯拉的新能源车也都出现了提价现象。传言是新能源车保值增值，其实这还是市场供需关系的体现，不过不是由购车人的需求导致，而是因为上游工业制造商的需求过于旺盛导致。可喜可贺的是，目前拐点已经出现，镍钴锂等原材料价格达到顶峰之后已经出现下滑趋势，并且有望进一步大幅下滑。假如大幅下滑真的发生，我们相信很快就会见到大宗产品降价后带来的价格传导效应。

在新能源汽车销售带动上市公司财务状况好转的时候，这些上市公司的股价很可能会在资本的追捧下大幅上涨。从总体趋势上来看，碳中和带来的涨势可期。2022年1月，国家发展改革委、国家能源局发布的《"十四五"现代能源体系规划》提出，提升终端用能低碳化电气化水平，积极推动新能源汽车在城市公交等领域的应用，到2025年，新能源车新车销量占比达20%左右。这一目标与此前国务院办公厅印发的《新能源汽车产业发展规划（2021—2035）》相一致。《"十四五"现代能源体系规划》还提出，优化充电基础设施布局，全面推动车桩协同发展，推进电动汽车与智能电网间的能量和信息双向互动，开展光、储、充、换相结合的新型充换电场站试点示范。

大势所趋。现在看起来，这个风口是顺风口，不是逆风口。

新能源车弯道上超车的比亚迪

2022 年 4 月，已经上市的比亚迪股份在港交所发布公告，新能源汽车销售 106 042 辆，上年同期为 25 662 辆，同比增长 313.22%；前 4 月累计销量 392 371 辆，同比增长 387.94%。不出所料，比亚迪实现了在新能源车弯道上的超车。而比亚迪在 2022 年 4 月 3 日晚间宣布公司已从 2022 年 3 月起全线停产燃油车，这条爆炸性新闻也瞬间让这家巴菲特重仓的中国车企登上热搜。

2022 年 3 月，比亚迪全系车型总销量 10.4 万辆，电动化率达到惊人的 100%，同比增长 160.9%，环比增长 15.6%。其中，纯电和混动车表现堪称俱佳，EV 纯电动车销售量为 53 664 辆，DM 插电混动销售量为 50 674 辆。2022 年 1 ~ 3 月，比亚迪乘用车板块燃油车销量分别为 2254 辆、2795 辆和 0 辆，这代表着从此以后，比亚迪全系新能源电动车"新时代"正式开启。

巴菲特说过，股市短期来看是投票机，长期来看是称重机。他在 2008 年以每股 8 港元的价格投资了港股比亚迪股份 2.3 亿美元，占公司 10% 的股份，时至今日已经持有 14 年了。巴菲特按下投票机的时候，比亚迪股票的价值已然跌出新天际，投资的安全边际足够高。虽然彼时的比亚迪是新能源车的探路者，还没有什么特别惊艳的产品和技术，但胜在企业家肯努力，路也选对了，这么低的市盈率，一旦赶上风口，估值得到大幅提高，那么戴维斯双击会有极其可观的回报。

不得不说，巴菲特赌对了。

近几年，各个国家"双碳目标"的提出让我们这个本身就在世界上具备技术领先优势和供应链绝对优势的"世界工厂"持续发光发热，风电、光伏设备的产量大幅提高，技术也有了长足发展，不断"以产代销"来扩大投资规模的生产厂商通过技术革新降低了成本。过去数十年，风、光发电"野蛮生长"要求的储能同行也带动了各类电池材料、技术的升级。

发电侧既然已经行动起来，用电侧也不能拖后腿，政策的完整性带动了用电侧各个环节侧重点的改变，首当其冲就是居民消费出行方式的转变。自 2016 年以来，各网约车公司、出租车公司逐渐开始大批量采购新能源电动车，一方面，因为用电作为驱动力确实比用油便宜很多，降低了司机"拉活儿"的负担；另一方面，集中式换电站的快速布局也让网约车的充电时长逐渐可以忽略不计。说白了，网约车、出租车是一个示范效应，打车一族中的很多人都是家中有燃油车，但因为应酬、出差、停车难等诸多原因选择了打车，乘客在乘坐过程中感受到了电动车的加速度、少噪音，甚至在与司机的交流中加深了对新能源电动车的好印象。我认为，这有点像医院外科的医生，虽然国外医院的专业科室每年做几千台手术，但也无法与国内每年能做几十万甚至百万台手术的专业科室竞争，正如卖油翁所说，"无他，但手熟尔"。就业岗位激增使科研院校投入师资培育相关人才，数据收集、分析、整改带来的革新性技术突破层出不穷，不只是查缺补漏，还有对客户体验感的贴心呵护。车型和车内应用的升级过程，也体现了车企的恒心和毅力。是选择将新能源车作为主要车型、燃油车作为次要车型，还是双车型并举？面对这个"岔路口"，很多车企仍然犹豫不决。

2022 年 3 月中旬，特斯拉和比亚迪双双宣布涨价，涨价幅度最高分别为 2 万元和 6000 元。据统计，2021 年初，中国市场电池级碳酸锂价格还在 6 万元 / 吨，到 2021 年第一季度末已经上涨到 50 万元 / 吨，以 50kWh 的带电量进行测算，碳酸锂价格上涨导致的单车理论成本增加了 1.3 万元（磷酸铁锂电池）和 1.5 万元（三元电池）。车企涨价的原因除了材料、电池价格上涨等传导因素外，还有购车补贴正逐渐减少的退坡因素。既然普通民众已经认可了新能源电动车的先进性，各大车企就都在新能源造车平台和销售渠道上下了功夫，所以国家对新能源电动车补贴的逐渐降低直至取消也是理所当然。

我认为，除了应对"双碳目标"下的顺势而为，以及无论是造车新势力还是老牌欧美日车企轮番推出新能源车型所带来的压力，比亚迪"打铁还是自身硬"，加大"三电"（即电机、电控、电池）研发投入，先进技术支撑带来的底气和冲劲才是其选择了用新能源车来支撑自身未来的根本。随着刀片电池的技术突破性进展和DMI混动技术的更加完善，比亚迪敢于"一条道走到黑"，这体现了我国新能源车企的坚定决心，甚至可以说是一种顿悟和觉醒：敢于抛弃犹豫不决和三心二意，掷地有声地沿着异常明朗的前景前进。

在油价多轮上涨后看新能源车的发展前景

人是铁，饭是钢，一顿不吃饿得慌。燃油车同样离不开油。

2022年，成品油的价格经历了多次调整，油价明显上涨。受俄乌战争影响最大的肯定是能源，用石油的地方太多了，谁也不可能轻易去动战略储备油的心思，只能随行就市，按照规律来涨价。

众所周知，国内成品油的涨价机制一直为人诟病：按照原油价格上涨或下跌4%触发对国内成品油的调价。这很容易在波动频繁时以涨价为主，下跌的影响很容易就被不足4%而消弭掉。因此，成品油的上涨也就成了这些年来的常态，国际原油价格的上涨没有国内成品油涨得快也是这个道理。

　　反观新能源车。从中央到地方纷纷出台购置税减免、新能源汽车下乡、逐步增加汽车增量指标数量、放宽购车人员资格限制等政策，大大刺激了新能源车的消费。产量方面，2022 年 5 月，比亚迪新能源汽车产量为 11.8 万辆，2021 年同期为 3.19 万辆；1 至 5 月，新能源汽车产量为 51.3 万辆，同比增长 347.6%。销量方面，2022 年 5 月，比亚迪新能源汽车销量 11.5 万辆，2021 年同期为 3.28 万辆；2022 年 1 至 5 月，新能源汽车销量为 50.7 万辆，同比增长 348.11%。其余品牌的销量也很好，如理想、哪吒、小鹏、零跑均超过 1 万辆，广汽埃安销量 2.1 万辆。

　　单纯从油价带来的影响来说，新能源车的实用性凸显了优势，每个月加油和充电费用的对比非常直观，无须赘述。在体验感上，开过电动车的人大概率都不想再去碰燃油车。原先关于充电桩分布、充电速度的问题也在逐渐得到解决，续航能力作为重要的因素也开始由增程式或者高镍三元电池的研发成功变得不再是问题。新能源车的渗透率不断提升，绝不是蚕食，如果不是汽车牌照的购置限制，用鲸吞来比喻并不为过。曾几何时，原来对新能源动力电池驱动的汽车是否算真的清洁能源驱动是有争议的，现在随着光伏、风电和日前对水电开发的大力推广，绿电也不再是稀缺产品。新能源的产业链越来越完备时就会出现"良币驱逐劣币"的现象。

新能源车的前景广阔，甚至可以说，这是一个在二级市场购买龙头股票就可以躺赢的年代。不再需要细致地选股，也不需要将资金拿出来在一级市场投资以小博大，稳健型基金都可以选择拿出一定比例在二级市场配置新能源车的相关个股。

新能源车的另一个路线就是氢能。氢能是一种来源丰富、清洁高效、绿色低碳且应用广泛的二次能源，也曾经被称之为真正的清洁能源。根据生产来源和碳排放量的不同，氢能一般分为以下三种类型。

1.灰氢：指通过化石能源、工业副产品等生产或制取的氢气，在制取过程中伴有大量的二氧化碳排放。灰氢是当前的主流氢气，约占全球氢气产量的95%。

2.蓝氢：在灰氢的基础上，将二氧化碳副产品捕获、利用封存技术而制取的氢气，是灰氢过渡到绿氢的重要阶段。

3.绿氢：利用可再生能源（如太阳能或风能、光伏等）发电后，通过电解水制取的氢气。其碳排放可以达到净零。

确实，绿氢是零污染零排放的，包括通过空气分离机来提炼纯氢，也是以耗电为主，用电如果也是绿电，就又完成了闭环的清洁。从2021年8月16日北京市经济和信息化局发布的《北京市氢能产业发展实施方案（2021—2025年）》，到2022年3月23

日国家发改委、国家能源局联合发布的《氢能产业发展中长期规划（2021—2035 年）》，再到 2022 年 6 月 20 日上海发改委等八大部门联合发布的《上海市氢能产业发展中长期规划（2022—2035 年）》，都表明了从国家到重点城市发展氢能产业的决心。不过，氢能源汽车其实也是锂电池新能源车的翻版，在生态上的布局还远远不足。一方面是制氢、储氢、运氢环环相扣的难度很大；另一方面是没有找到真正意义上的买单的人，政府补贴能够消化一部分研发和制造成本，但相关企业也无法总是按照输血而不能造血的逻辑运转，这也让投资者在二级市场不见起色的情况下望而却步。此外，因为之前有大量的资本已经涌入了锂电池新能源行业，都还没来得及发挥作用，再投一个新生事物的动力还没有那么强，这也就决定了资金并没有释放的可能性。

城际之间的物流车和城市物流车，再加上物流重卡与氢能源之间的契合度很高，难就难在没有足够的配套，当然也可以做城市之间的氢能源专线，只要在控制成本的范围内，都是可以推进的。城市公交车也是氢能源应用的重要选项，在广东等地早就开始小范围推广氢能源公交车了，也确实养活了不少相关产业的公司。这是一个不错的思路，在一种车型上面找到突破口，就能够衍生出更多的布点，带动上下游产业的发展。这种市场化造血的推进也需要时间来考验，如果某个节点出了问题，那么整条线都会出现困境。

投资要看安全边际的高低。在做出投资决策之前，如果没有预判行业发展以及自身造血能力，作为一个投资人，那就谈不上赋能和助力企业的成长，也很难找到下决心投资的理由。按照现在的发展态势，氢能是好方向，不过按照输血和造血能力的平衡，可以说在三到五年之内，还需要下大功夫，氢能新能源才有可能发展起来。

新能源整车还能不能投

现在，路面上能见到很多绿色牌照的小轿车和公交车，新能源整车公司但凡能够上市的，都突破了 2000 亿左右的市值，不少筹备上市的新能源车公司正摩拳擦掌，想尽一切办法增加销量，给二级市场交上一份满意的答卷。有人曾经想过一个方法，在与新能源车公司签订大额订单之前，先买入该公司的股票，假如一个月内公司市值创新高，还能谈一定的股权激励。从多个触手赚钱，算总账下来，等于购买的新能源车是白送的。然后用一定的折扣价格卖给营运车公司，又赚到一笔。一揽子的订购、买入、卖出都需要大量的资金支撑，不管是短期债还是长期消费金融的资金，都需要有灵活的操作机制，这笔账明显是可以算得过来的。

目前，已经上市的新能源车公司享受到了资本市场从 0 到 1 的追捧，在品牌知名度、技术研发、吸引人才方面自然也有先发优势，业务多元化的需求也旺盛起来，于是它们开始做换电、储能甚至最上游的锂矿买卖。创业者对大趋势看好，整个产业链的景气度就会高，做大各个板块之后，找到领头人，然后分拆上市，又是一条完美的投资路径。价格的传导也是从最上游来的，投资逻辑说得通。那么，新能源整车公司作为集合了各种专利技术的终端，是否值得投入大资金也成了投资人纠结的问题。不敢投入的原因无非以下几点。

一是怕资金在竞争越来越激烈的环境里"死于非命"。小米、华为、360 这些手机厂商都开始意识到，在智能终端使用上，车的使用频率和使用人次仅次于手机，而且车的单体价格是手机的几十甚至上百倍，于是这些厂商也开始深度介入造车领域。在老牌车厂奋起直追的情况下，这些跨界商家无非是要把智能网联打成绝世好牌。市场已经白热化了，鹿死谁手很难搞清楚。

二是怕投入的资金赶不上烧钱的速度，资金链断裂。战略性亏损使造车行业出现了类似于保险行业的周期性，前面的投入需要大量销售才能收回成本。高投入的造车平台的落地伴随的是销售网络的铺开，还有服务网络的繁忙。烧钱成为开始几年活下去的唯一路径，即使是上市融资获得成功，也未必真的能走到最后。美国商用电动车制造公司 Electric Last Mile Solutions（下称 ELMS）2020 年成立后就成了独角兽，2021 年，通过资本的运作，连车都没造出来的 ELMS 通过一家特殊目的收购公司（Special Purpose Acquisition Company，SPAC）成功 IPO，市值 14.3 亿美元。2022 年 6 月，ELMS 计划根据《美国破产法》第七章申请破产保护。这意味着，刚上市仅一年的 ELMS 还没有与特斯拉一较高下就已经宣布"死亡"。钱烧掉是很难回得来的。

整车看起来很高大上，投资起来也很过瘾，甚至可以成为投资人到处宣传的经历，但是投资整车很难成为赚钱的生意。一方面，一级市场价格已经虚高，在二级市场上短期内可能无法盈利；另一方面，新车是否会遭遇用户的"用脚投票"无法确定，如果销量无法达到预期，冷血的资本就会快速获利离场，最终就会有投资人"站在高岗上"。

经营的风险除了上述一系列因素之外，还有流动资金的支撑以及汽车技术更新换代的加快。无论是电池的续航能力日益提高，还是品牌车型逐渐稳固的市场地位，都让新加入者感觉到压力山大。正如作家韩寒所说："世界上没有毫无道理的横空出世，如果没有大量的积累、大量的思考，是不会把事情做好的。世界上有太多的能人，你以为自己的极限，可能只是别人的起点，所以只有不停地进取，才能不丢人。"新势力造车人也面临着潜行者的袭击和先驱巨头们的围堵，从 2015 年新能源车方兴未艾开始，蓝海不过坚持了五六年，爆裂的红海仿佛瞬间来到。

有人说，整车投资量太大，那么我们去投整车零部件是不是会好一点。整车零部件行业一直是在二级市场市盈率不高的行业，整车的数量其实没有实质性增长，二级市场的零部件企业只是因为给特斯拉或者某个造车新势力供货，便会引来热炒，股价被拉高，导致行业整体市盈率上升。但人们终究会回归理性。对高端制造行业而言，如果没有量的几何级上升或者新材料、新技术、新工艺带来的成本大幅下降，那么市盈率很难有提升。退潮之后，又是一堆裸泳者。

但激光雷达行业确实是值得关注的行业。智能网联汽车，包括未来的自动驾驶升级，都依赖于激光雷达的精准定位，测量精度的提升可以降低事故率，保障司机和乘客的安全。对雷达技术和数量的需求肯定会大幅增长，那些能够为汽车厂商供应激光雷达的公司，成长性可期，市盈率也会比其他零部件企业高。

延伸发电侧：风电、光伏带来的绿电投资热潮

马斯克曾说，只需要 160 千米 × 160 千米的太阳能电池板就能给整个美国供电。马斯克提到的是光伏发电 + 储能。对于天

马行空的科学家来说，这是有可能凭借颠覆性技术实现的。在碳达峰、碳中和的政策指引下，风电和光伏发电的建设开展得如火如荼。

光伏是利用半导体的光生伏特效应（photovoltaic effect）而将光能直接转变为电能的一种技术。光伏产业链大致可分为上游的硅料和硅片、中游的电池组件和下游的系统电站。光伏产业属于重资产投入的典范，但是后期维护运营成本较低，入电网后，有比较稳定的现金流，是很多稳健性资金青睐的资产之一。

近10年以来，光伏每度电的发电成本下降了89%，平均度电成本是各类发电类型中成本最低的电源之一。目前，我国光伏已经实行了平价上网，之前在北京等一线城市有光伏补贴，现在也已经取消了。不过，这并不妨碍国有企业通过一种委托模式来完成建设指标，利用社会资本来拿到光伏指标，完成建设后再通过收购的形式变成自己的资产，同时也可以委托新能源运营公司来维护日常运营工作。

而曾经想推广居民楼楼顶分布式光伏的民营企业在补贴取消的情况下纷纷打了退堂鼓，因为财务成本太高，回收周期太长，总体来说算不过账来。除了要给居民免费的几千度用电，还需要找电网上网，当地未必有那么大的用电工厂来支撑，这就让原来的"香饽饽"项目落得无人问津。各地补贴重启的可能性不大，因为未来大规模铺设分布式光伏一定要有用电大户，供需平衡才能实现收支平衡。

绿电指的是在生产电力的过程中，它的二氧化碳排放量为零或趋近于零，相较于其他方式（如火力发电）所生产的电力对于环境的影响较小。绿电的主要来源是太阳能、风力、生质能、地热等，我国主要以太阳能和风力为主。绿电的认证关键是要有绿色电力证书（以下简称"绿证"），绿证是我国对发电企业每兆瓦时非水可再生能源上网电量颁发的具有唯一代码标识的电子凭证，是绿色环境权益的唯一凭证。

发电侧的改革升级是以用电侧的大客户为服务对象的。国际上也是认可绿证的，但是如果补贴太多，海外对这类发电也不能给予认证。由于国家对光伏风电都非常重视，近两年来，新能源的消纳能力在 97% 以上，弃电率低于 5%。按照国际惯例，低于 5% 就被视为全额消纳了。源网荷储和分布式光伏可以解决当地绿电指标不足的问题。新能源产业链生产企业因为"绿电"指标不足而无法在当地落地，也让很多地方痛失了现在最确定的赛道的龙头公司，税源和就业率的差距也与有绿电指标的地方越拉越大。

就风电而言，风电产业链在国内非常完备，也早就大规模实现了国产化，主要可以分为围绕风电场的开发、建设、日常运营和构建四大环节。自下而上分别为风电场开发/运营商、运维服务和设备提供商；风电整机制造商、风塔制造商、风场施工建设提供商；风电整机的零部件制造商，有些风塔（塔筒、法兰）由整机企业整体采购，因此风塔制造企业也可以视为风电零部件制造商；整机和风塔各类零部件所使用的原材料，包括钢铁类（风电厚板、合金钢、生铁、废钢）、玻纤、碳纤、树脂、防腐漆、胶类等。

随着国家队一以贯之的大投入，风电整机制造商是受益的，不过现在随着北方经济有所衰减，那里的有些地区也出现了弃风现象。对地方政府来说，劣势是地方税收本就不够充裕，拿不出资金来支持产业导入。南方地区即使有资金也会以投资带动招商，这是短期内解决不了的问题。北方地区可以通过发挥地缘资源等优势，引入相关产业，孵化税源，增加人流、商流和物流的正增长，不但能够给当地房价带来坚挺的支撑，还能对当地土地财政的合理性创造条件，只有这样才能吸引更多的产业落地，有效地提升消纳能力。

不管怎么说，在二级市场上，随着国家对新能源投入的加大，光伏风电概念股的股价不断飙升。作为确定性如此强的发电侧大发展格局，假如投资者资金不多，在一级市场不可能投资到这类资金密集型企业时，那完全可以在二级市场光伏风电产业链

中找到成长潜力大的，尤其是与国企、央企有紧密合作的生产制
造商。业绩有了稳定的增长，就可以坚定地做价值投资。

据媒体报道，德国拟修改法律草案，取消其中涉及的"在
2035 年之前，能源行业实现碳中和"的气候目标，这一修改已经
在德国的下议院获得通过。有先见之明的是，德国政府此前已模
糊了淘汰煤电厂的期限，所以燃煤和燃油发电机组得以重返德国
市场，而该项法律草案的通过意味着现阶段煤电不再与当地环保
目标相冲突。

能源革命的成熟度和"上网"程度也锁定了用电侧的瓶颈。
煤电一向被以德国为首的欧盟认为是高污染的发电方式。被标榜
为环保先锋的德国首当其冲，在俄乌战争中不得不选择更便宜、
更经济的能源发电。但是对于以工业制造为主业的国家而言，如
果电力都受到限制，那么经济必然遭受重挫。如果不能完全用新
能源替代化石能源，那么这种选择无疑是非常理智，也是非常无
奈的。

德国在 1990 年就实现了碳达峰，日本和韩国的碳排放峰值
出现于 2013 年，巴西在 2012 年实现了碳达峰。现在，中国和美
国两个超级大国的碳达峰和碳中和时间也已经有定论，完成目标
任重道远。

这印证了"经济发展是硬道理"，稳定的本国环境和不发生动乱的周边地缘环境是发展的基本要求。接下来要考虑的就是以科技兴国，还是以旅游兴国，还是以哪种主要业态来发展本国经济。

我国的碳达峰是在传统煤炭能源发电逐渐被作为有益补充的设想下，发展光伏、风电、水电、核电来做替代，继而为用电侧提供绿电来实现碳达峰过程中的"碳中和"新能源扩备的，是用新能源来促进经济的发展，进而实现"碳中和"目标。从传统角度看来，新能源行业完全是通过我们的努力创造出来的新发展点，是未来全球唯一确定的赛道，也是投资方现在纷纷用脚投票、蜂拥而至过来分杯羹的行业。

2022年，住建部、发改委共同印发《城乡建设领域碳达峰实施方案》，为从上游组件生产商到工程安装单位，再到光伏投资和运营单位准备了一个全国性的政策大红包。《城乡建设领域碳达峰实施方案》要求，在2030年前，城乡建设领域碳排放达到峰值。力争到2060年前，城乡建设方式全面实现绿色低碳转型。推进建筑太阳能光伏一体化建设，到2025年新建公共机构建筑、新建厂房屋顶光伏覆盖率力争达到50%。推动既有公共建筑屋顶加装太阳能光伏系统。到2025年，城镇建筑可再生能源替代率达到8%。引导建筑供暖、生活热水、炊事等向电气化发展，到2030年，建筑用电占建筑能耗比例超过65%。推动开展新建公共建筑全面电气化，到 2030 年，电气化比例达到 20%。推广热泵热水器、高效电炉灶等替代燃气产品，推动高效直流电器与设备应用。推动智能微电网、"光储直柔"、蓄冷蓄热、负荷灵活调节、虚拟电厂等技术应用，优先消纳可再生能源电力，主动参与电力需求侧响应。

弃光弃风的主要原因就是因为近距离找不到用电侧的消纳需求，分布式光伏可以减轻电网的压力，更能够实现"现发现用"且损耗降到最低的最佳状态。两部委的决策是抓住了痛点，原来只发而不想怎么用，现在想到要先有用户才去增加产能。各个国企、央企投资运营单位也是如此，不能只是盲目地为了完成碳中和任务而投入大笔资金，要想到应用场景的结合度高不高、需不需要加量不加价，开展送补贴的促销活动才能找到用电客户。

建筑行业在房地产业蓬勃发展的时候是跟随者，除了能够配合房地产公司买地、建设，以及给政府增加财政收入来源，还可以帮助农民工实现就业，保证当地社会的稳定性。现在看来，单纯靠建筑行业的低毛利来养人有点难了，房地产行业的工程量急转直下，各地停工停产的现象不胜枚举。

买地的人自己都活不下去了，还怎么养建筑行业的人呢？光伏的出现增加了一笔不错的工程收入，虽然工程占比很低，但创造了一个机会，可以在分成上做一个长期的收益配比，设定将一部分运营收益作为长期收益与建筑公司分成。一方面可以将建筑公司绑定在自己的战车上，另一方面通过长期收益分配，既能激发建筑公司承揽此类项目的积极性，也可以保障这些建筑公司度过困难期。

我国是风电光伏行业供应链的全球王者，锂电行业作为我国下大力气打造的弯道超车行业是国家不遗余力往前推进的行业。无论是发电侧、用电侧，还是储能侧，人才和资本集中度都越来越高，一是为了实现双碳目标，二是为了赶紧上市、靠股权造富，三是为了将领先的成本优势和供应链优势拓展到全球。

在拥抱产业的年代，我们见证了太多的股权造富。在通过互联网公司的股权造富之后，最大的一波类似的财富群体一定会出现在新能源行业。不管是投资人，还是相关从业者，甚至是在二级市场炒股的股民，都是掌握财富密码的"操盘手"。

我常说，人无股权不暴富。其实可以再精确一点：人无新能源的股权不确定就能富。

那辆失控燃烧的特斯拉

特斯拉的股价于 2022 年 7 月 21 日迎来大涨，涨幅达 9.78%，公司市值一夜飙升超 752 亿美元。特斯拉股价的大涨是源于订单需求旺盛，也源于业绩上涨速度快，这已经让大批空头资金铩羽而归。

意想不到的是，2022 年 7 月 22 日上午 10 点 50 分左右，中国台湾明星林志颖父子在台湾桃园市中正北路出车祸。事故发生时，林志颖父子驾驶一辆白色特斯拉，撞上隔离带起火，现场火势凶猛，车头陷入火海。事故过去几天后，警方确认林志颖无酒驾情况，造成事故的具体原因还在进一步调查中。

林志颖作为一名 20 多年的职业赛车手，虽然比不上 10 万千米无事故的老司机，技术肯定会比普通的老司机强。这次驾驶特斯拉失控撞向桥墩，令人匪夷所思。我认为，很可能是自动驾驶出了问题。

特斯拉一直为人诟病的自动驾驶系统已经不是第一次出问题了。据英国《卫报》2022 年 6 月 9 日报道，美国高速公路安全管理局（National Highway Traffic Safety Administration，NHTSA）发布的一份通知中显示，它们扩大了对特斯拉 Autopilot 高级驾驶辅助系统的调查，涉及约 83 万辆汽车。据英媒报道，截至目前，涉及特斯拉自动驾驶系统的事故共发生了 16 起，造成 15 人受伤和 1 人死亡。

自动驾驶功能是为了让人们解放双手，真正把汽车当成一个移动的载人工具，而不是一个需要耗费太多精力去应对的场景型工具。技术的发明、升级和改造是很耗费时间的，也需要大量的数据来打磨，所以特斯拉总部的技术工程师团队不断使用新收到的数据修正算法方案，使他们的车能够适应不同的路况和天气，总之一定是向好的方向发展。

自动驾驶在一级市场非常火爆，不管是自动驾驶算法还是芯片，估值都已经是天价了。美国汽车工程师学会（Society of Automotive Engineers，SAE）将自动驾驶分为以下六个级别，以解放驾驶者的双手、身体和大脑。

- L0：无自动化，完全由驾驶者全程操控车辆，车辆只负责执行命令，并不进行驾驶干预。
- L1：驾驶支援，自动系统有时能辅助驾驶者完成某些驾驶任务，驾驶者操作占主要。
- L2：部分自动化，自动系统能够完成某些驾驶任务，但驾驶者需监控驾驶环境并准备随时接管车辆。
- L3：有条件自动化，在一定条件下由自动系统完成所有驾驶操作，驾驶者根据系统请求提供适应的应答。
- L4：高度自动化，自动系统可以完成所有驾驶操作，在有条件的道路行驶时，驾驶者可以完全解放双手。
- L5：全自动化，自动系统可以在全部时间、全部路况和环境条件下完成所有驾驶操作。

记得有一部电影中提到过，汽车制造企业在召回有故障汽车与对因汽车故障发生车祸进行赔偿之间有一个测算的平衡点，这个点也可能成为隐瞒技术漏洞的依据。如果一些显而易见的故障被曝光，那么被召回的概率就比较大。隐蔽一些的缺点就可能称为瑕疵，不再承受召回带来的经济和品牌损失。

无人驾驶是否是真正的无人，也被业界人士质疑过很多次。汽车里有人乘坐，每次出行不能有差池，否则发生交通事故的责任认定都会存疑：到底是驾驶员的原因，还是汽车自带驾驶操作系统的原因？如果是后者，那到底是自动驾驶算法输出公司的原因，还是地图带来的导航偏差的原因？打破砂锅问到底会有重重疑点和难点。

科学技术创新在没有成熟之前是一把双刃剑。智能网联汽车是好，但是也存在着使用激光雷达和摄像头可能侵犯乘客和周边人士的隐私以及黑客入侵系统后对汽车进行控制而制造车祸的风险，这些风险只是可能没有被看到。真心希望技术这把双刃剑在开刃之前先将成熟度提高一些，再提供给消费者，尤其是涉及载人工具时，别让这些工具变成了"宰人"的工具。

第 5 章

海外投资的不舍与不堪

前几年，海外上市如火如荼，美元基金层出不穷，市场上烧钱的项目也次第冒出，看到每年能战略性亏损数十上百亿的项目，大家都在感叹，谁的钱烧得这么痛快？肯定不是只为了占领市场和商业模式试错，但最后买单的还是认可他们的消费者。消费者也挺冤枉的，自己明明喜欢这种商业模式，最后却发现是帮助这些企业抬高了估值，变相助力其融到了资金。

大多数去海外上市的公司都是多年前就设计好海外架构了，回来拆结构没问题，关键在于海外上市和国内上市获得投资的逻辑有很大差异，很难达成一致。而且，回来还需要借钱，海外上市的轻资产公司很多，拿不出相应的担保措施。原有的投资机构是美元基金，没有人民币基金的等量储备，选择回来上市也成了难点。

无奈之下，不管市场周期如何，也不管海外投行对中概股拟上市公司有多少了解，根据投资机构对企业进行投资时制定的对赌协议，其在数年内都必须完成上市举动。于是，在众多资本股东的推动下，企业必须去海外上市，实现资本的退出和创始人在改善生活方面的减持诉求了。

资金出海的难度加大

近年来，很多国家提高了投资移民的门槛，我国国内政策也对移民提出了更多的要求，而且我国对个人境外投资的控制也越来越严格，很可能出现的情况是人出去了，但钱出不去。

对风险投资机构而言，面对海外架构的被投标的，需要通过对外直接投资（outbound direct investment，ODI）。ODI 是指我国的企业、团体在国外及港澳台地区以现金、实物、无形资产等方式投资，并以控制国外企业的经营管理权为核心的经济活动。ODI 备案涉及商务部、发改委以及外汇局三个部门。首先，境内企业股东需要向省级商务部门和省级发改委办理 ODI 备案手续。商务部负责整体审批企业境外投资事项，为符合要求的企业颁发《企业境外投资证书》。其次，发改委负责监管企业境外投资行业流向，为满足条件的企业颁发《境外投资项目备案通知书》。最后，外管局负责监管外汇登记和资金出境的相关手续。备案手续完成之后，需要根据《境内机构境外直接投资外汇管理规定》，在银行完成外汇登记手续。

如果没有意外或者不可抗力的情况发生，ODI 备案的整个流程耗时将近 2～3 个月，办理成功后会得到分别由商务部和发改委颁发的《企业境外投资证书》和《境外投资项目备案通知书》。需要注意的是，如果涉及敏感行业，无论项目投资金额大小，一律提交商务部和发改委进行核准。顺利备案后，企业能够以合法合规的方式完成境内资金出境，以及保证后续境外资金顺利返程回国。同时，打通境内外资产流通的合法渠道后，有利于境内外企业优化资源配置，更好地帮助企业成功在境外上市。此外，新设立的最终目的企业还可以享受境外的税收优惠，节约企业运营成本。

区别在于，投资机构的募集资金对海外上市企业是可以正常投资的，因为募集时就已经有监管部门对出资方进行了穿透。无论是投资主体还是 LP 出资主体，只有它们都符合监管部门的要求，才有可能完成基金产品的备案，所以事前审查必须足够充分，对外投资时也会节省大量时间。但是个人或者企业本身自有资金的对外投资仍要经过严格认证，资金来源更是需要经过国家司法部门认可的公证机构的审查。

曾几何时，很多上市公司就曾经利用审核的宽松把公司掏空了，大股东占用资金，把钱用于境外投资，至于是真实投资还是虚假投资行为，我们就不得而知了。现在看来，不管是谁，假如再想动 ODI 的脑筋，资金来源都必须合法合规，投资标的最好明确。企业家的原罪和资金的获取渠道在公证时都会被税务部门、检察机关、公安机关调查得很清楚。这既是必然的，也是必要的，赚的钱都要有合法的根据。留下人才是最关键的，不管什么样的社会，都需要优秀的人来不断创造价值。只有这样，企业才能进步，行业才能变革，国家才能昌盛。

综上所述，ODI 的路已经变得越来越窄，倒不如人和钱都留在国内扩大产能、刺激消费，多交些朋友，多读些书，做点公益捐点钱，不会被秋后拉清单算总账。

记住，谁也不要乱跑。

通过美股表现来看投不投中概股

有段时间，美国证券交易委员会（United States Securities and Exchange Commission，SEC）将包括京东、拼多多、哔哩哔哩、网易、蔚来汽车、腾讯音乐集团、科兴生物、华住集团、中国石化、晶科能源控股公司在内的 80 多家公司列入可能被美国证券交易所摘牌的名单，原因是根据美国 2020 年通过的《外国公司问责法》（Holding Foreign Companies Accountable Act，HFCAA），如果在美上市的外国公司连续三年无法让美国监管机构检查审计底稿，可能被强制退市。现在看来，这么多公司被披露预摘牌主要与上市公司近期集中发布年报有关。我国证监会强调，这是美国监管部门执行《外国公司问责法》的一个正常程序，被纳入名单不等同于在美国退市，列入名单的公司是否在未来两年真正退市最终取决于中美审计监管合作的进展与结果。

无独有偶，2022 年 5 月，据英国《金融时报》报道，美国政府指控海康威视涉嫌向中国政府提供监控设备，所以计划对其加大制裁力度，但尚未做出最终决定。这是美国首次对一家大型中国企业实施此类制裁。任何与这家全球最大监控设备制造商有业务往来的公司和政府，将面临违反美国制裁的风险。2021 年 3 月，美国联邦通信委员会（Federal Communications Commission，FCC）曾认定海康威视、华为、中兴、海能达和浙江大华五家中国企业对美国国家安全构成威胁，建议禁止当地通信网络安装这五家公司的设备。2021 年 11 月，美国总统拜登签署《2021 年安全设备法》，限制海康威视等五家企业取得美国监管机构的新设备许可。贸易战加剧的征兆之一，便是开始大规模的制裁能够即时产生效益的对方阵营企业，杀一儆百。

《孙子兵法·谋攻篇》有云："全卒为上，破卒次之；全伍为上，破伍次之。是故百战百胜，非善之善者也；不战而屈人之兵，善之善者也。"使敌人全卒降服是上策，打败敌人一个卒的队伍就次一等；使敌人全伍投降是上策，击破敌人的一个伍就次一等。因此百战百胜不算是最好的用兵策略，只有在攻城之前，先让敌人的军事能力严重短缺，根本无力抵抗，才算是高明中最高明的。

欲加之罪何患无辞。现在看来，这就是明目张胆的"抢劫"，而且是对国内行业龙头的无差别对待，主要就是为了打击异己，扩大自己国家厂商的市场占有率。说白了，制裁也都是为了自身利益或者国内的利益集团服务，这确实令人难以接受。

近年来，世界各国都面临 GDP 下降的近忧，加上俄乌战争对欧洲局势和国际贸易带来的实质性不利影响，各国都在寻求自身经济的增长。除了扩大内需、苦练内功之外，各国都开始注重远交近攻，不断找别人的茬，即使是重要的贸易伙伴，也要抠来抠去，包括回笼海外投资的资金、转移制造工厂、增加国内就业，避免不稳定现象的发生。

在尊重不同国家法律制度的基础上，尽最大可能展示实力和扩展海外市场，同时开启上市再融资和并购活动，是企业扩张的必经之路。企业家也应该明白，人生地不熟，如果自身不够硬，就要养精蓄锐，以待时机，"高筑墙，广积粮，缓称王"。

人生的路，每一步都算数。国家和人一样，都是需要靠拼搏和奋斗打底，靠竞争才能上位，步步为营、稳扎稳打才能获得想要的国际地位。没有施舍来的地位，更没有躺平等来的红利。国家足够强，国运足够昌盛，人民在海外就更能受尊重，企业才不会无端受欺负。不用怨天尤人，更别假装怀才不遇。"他强由他强，清风拂山岗；他横任他横，明月照大江。"

15 分钟，看港股做空实操逻辑

最火的新闻往往字数最少，信息量也最多。

2022 年的某一天，某条捕风捉影的消息让港股开盘 10 分钟内，某股票直接杀跌 9.14%，跌掉 2000 亿港元市值。而此前美股某股票并未受影响，收涨 4.24%。后来在某知名人士通过微博辟谣后，3 分钟内开始 V 型反转。其实，当日港股几大网络公司开盘均是普跌状态，我认为这条消息只是一个噱头，国内 A 股的市场状况还有近期疫情的扑面而来才是给股票"腿打折"的冲击力。

对于股票来说，只有两种盈利方式：要么做多，要么做空，赚的是其中的差价。港股做空是相对 A 股的特色，港股不允许裸卖空，也就是不允许无券的情况下直接卖空，而且限制卖空范围、提价规则。港股仅允许对 718 只股票和 221 只 ETF 和上市基金进行卖空，随着大市值中概股回归港股，范围也相应扩大，相关标的市值、成交额已经覆盖到了全市场的 90% 以上。港股做空狙击史上，中国宏桥、辉山乳业、丰盛控股、瑞声科技、科通芯城、敏华控股、达利食品、国药控股这些都是在"718 只股票"名单内的；换句话说，只要符合港交所规定的做空范围，投资者就可以选票做空。当然，阿里巴巴 2019 年 11 月 26 日在香港交易所上市后即被纳入可进行卖空的名单。

做空限制规则还包括卖空提价规则，即只能以不低于当时最佳卖盘价的价格进行卖空，防止股价下跌时卖空对价格的打压。这一规则主要是为了在价格下跌时限制卖空交易对价格的打压。香港市场在 1998 年 9 月亚洲金融危机时期恢复了卖空提价规则，目前可卖空证券中，除 ETF 可豁免外，其余证券仍须执行卖空提价规则。机构做空一般是先向证券公司申请借出你要做空的股票，然后再在市场中卖出，中间的手续很多，相对而言手续费比较高，所以如果资金不多，不建议这样来做空股票。选择短期内卖空交易占比上升较快的公司，卖空交易占比越大越说明市场对其清晰悲观。

2020 年 10 月 19 日起，港股市场开市前时段相关优化措施正式实施。根据联交所规定，该所在交易层面将主要进行三项优化：第一项是引入两个阶段的价格限制，防止在开市时出现过度的价格波动；第二项是加设随机竞价对盘，这有别于现在只允许在输入买卖盘时段内输入竞价限价盘；第三项是允许以不低于上日收市价的价格进行卖空。

按照常理，资本会利用利空消息进行洗盘。所谓的利空消息可能是主力用来洗盘的借口和机会，资本通过打压股价，低位吸筹，再通过修正消息弥补利空，也就出现了当日短线获利的时机。散户很想通过稳准狠的操作手法来获得一波上升红利，但是很难抓住这几分钟空多转换的时机，根本不可能买到最低的拐点，更何况，下注的时候也需要对整体的政策和资金面进行综合分析判断才敢买定离手。总之，占主力的便宜很难！难上加难！所以，还是老老实实吃瓜吧。平时能有瓜吃，这不香吗？

国内企业去港股上市有被做空的风险，还因为没有知名投资银行的报告支持。而在香港这个以机构市为主的市场中，交易量不能放大，投资人便无法顺利退出。大多数净利润高于 10 亿以上的企业，尤其是国企，都选择在 A 股上市；小体量的股票或者在国内上市困难的文化娱乐、游戏教育、矿产等诸多行业中的企业，在政策高压下就更难有好的利润。按照现在香港这几个行业的市盈率，如果没有达到几百亿的市值，那么前期投资进来的大体量资金还是很难退出。国内数千亿规模的"大厂"等互联网公司更适合在香港上市，它们在美国上市后再在港股上市一次，能够做大总市值、得到认可，也能够避免资金在一定程度上的外流。

另外，在企业与资本的对赌协议中都有规定，在投资几年之后报材料IPO，因为上市的二级市场没有锁定，对港交所而言，也不失是一种摆脱对赌协议压力的方式。不过，在国内地方政府看来，在香港上市的公司可能没有在内地上市的公司有影响力，在项目竞标、拿地建设等方面可能会排在国内上市公司之后。对银行而言也是如此，所以除非迫不得已，企业要去港交所上市还是要经过反复论证，慎之又慎。

股价翻倍的新东方凭什么出圈

2022年6月13日，新东方在线港股股价最高翻了一倍，市值涨幅过50亿港元，最后收于涨幅39.97%，市值飙升40亿港元。截至2023年1月，其市值更是飙升至640亿港元。香港股市是机构市，机构后面也有操盘手，若不被看好，交易量是肯定上不去的。对于新东方这只当时市值已经变成50亿港元的股票来说，股价上扬更是难上加难。然而，逆境反转的东方甄选因为主播用流利的英文直播和丰富的知识储备被带上热搜，几天之内吸粉数百万，这对新东方的股价起到了非常积极的作用。

新东方在教育培训领域绝对是一朵"奇葩"。2021 年，受政策影响，新东方断臂求生，先把"活下来"作为主要目标，裁掉了大批教培人员，然后摸索转型的路径。条条大路通罗马，在俞敏洪的带领下，新东方通过短视频和直播杀出一条血路——带货变现。

在留学英语培训和中高考英语培训领域，新东方无疑是公认的最强者，但在多重因素下，其主业遭遇毁灭性打击，想转型谈何容易？新东方决定赌一下。

赌，不是毫无原因和准备的赌，一定是看准了、做好背景调查才会再投入。新东方出圈并且能够成功突围有以下几个必然原因。

一是新东方的主业。买便宜货和学英语两不误，寓教于乐，完美结合，再加上主播们专业的发音和略显诙谐的"剧本"，支持一下主播也未尝不可。

二是新东方和俞敏洪的口碑。曾经读过新东方考研辅导班的我非常认可新东方老师的专业程度。

三是俞敏洪本人的知名度。个人 IP 打造对新东方老师来说是必修课。除了电影《中国合伙人》让全国人民都知道了新东方和俞敏洪之外，俞敏洪本人的演讲能力出众，且一直在主流媒体维持高曝光率，这也是让新东方再次成功出圈的主要原因。

四是新东方注重培养员工的口才与演讲能力。新东方老师个个才思敏捷，口才一流，随机应变能力堪比相声演员。平时的积累也成就了厚积薄发。工欲善其事，必先利其器。

真正的出圈对企业而言挺难的，毕竟主营业务已苦心经营多年，企业家也有其擅长的领域，形成的思维定式使转型变成了可能致死的阵痛，而非重生的涅槃。找到能成为爆款的产品绝对是知易行难的工作，船大不好掉头。不敢创新或者自认为无须创新是成功企业共同的问题。在它们看来，现有的产品销售和客户都是稳定的，它们没有危机意识，也犯不着居安思危，给自己找麻烦、寻找新出路。

人们常说，人生是旷野，不是轨道。没有谁能够限制住我们，更没有人能给我们的人生定义方向和宽度，我们要完全靠自我驱动力去找适合自己的路。选择了，跪着也要走下去。当我们告诉自己坚持下去时，往往那就是成功的开始。

投资人看重的企业家特质，俞敏洪身上都有：坚忍不拔，嗅觉敏锐，战略转变迅速，善于宣传自己和企业，有责任心和担当带领企业转型，有能力迅速找到风口，有能力安排得力干将把别人的风口打造成自己的风口。

创业难，守业更难。规模越大的企业越有可能变得"臃肿"，日本的索尼、韩国的宇通都是尾大不掉。被规模大束缚的企业不胜枚举，它们要走的路可能是破产重组。从所有资产中找好资产，再找好的经营团队，至少能够保留下星星之火。

SPAC 是什么？适合谁来投

自 2020 年以来，SPAC 作为传统 IPO 的新兴替代方式，成为美股和港股最热门的上市模式之一。这种模式集直接上市、海外并购、反向收购、私募等金融产品的特征和目的于一体，优化了各金融产品的特征，旨在完成企业上市融资。当前，已有一批 SPAC 奔赴港股市场，包括很多明星 PE 机构和资本大佬，如胡祖六和春华资本、卫哲和嘉御资本、莱恩资本、泰欣资本基金、"体操王子"李宁等。目前来看，向港交所递表申请上市的 SPAC 的未来并购方向主要涉及生物医药、新能源、大消费、智能汽车等领域。

现在让我简单介绍一下 SPAC。

如何成立？SPAC 成立时，发起人及其管理团队为 SPAC 股权支付相应的象征性金额而获得"发起人股份"。初始投资者获得的发起人股份通常不会超过 SPAC 并购交易完成前股份总数的 20%。这些股份的分发其实也是未来的分红象征，为初始投资者找出高潜力的目标公司和完成并购做出报酬。在此阶段，发起人通常会向 SPAC 借取资金以支付运营开支，而 SPAC 则会挑选法律顾问和包销商，并制定公司治理的条款。

如何 IPO？在成立之后，SPAC 会开始进行公开发售，由发起人向联交所提交上市申请。SPAC 通过发行单位（每单位由一股普通股和一份权证组成）筹集资金，所得的融资金额会存入封闭式托管账户直至收购完成。在香港，SPAC 必须将股份和权证分发予至少 75 位专业投资者，其中 20 位必须是机构投资者。在公司完成 IPO 后，单位应拆分为普通股和可供交易的权证，后者作为对初始投资的额外报酬，通常可在并购完成后不久行使。

如何匹配目标公司？寻找合适并购目标的过程与典型并购交易的流程类似，是由发起人通过加快财务、法律和税务尽职调查来审查潜在目标公司。在香港市场，继承公司须满足所有主板上市的新要求，包括聘请 IPO 保荐人进行尽职调查，以及满足最低市值要求和符合财务测试。

完成 SPAC 并购的时间取决于多个因素。由于持有异议的 SPAC 股东有权赎回股份，可用于支付目标公司股东和支持并购后运营的现金金额并不确定。因此，SPAC 和目标公司通常会就"最低现金"进行磋商来作为完成交易的条件。因此，在 SPAC 并购完成时，往往同时伴随着 PIPE 投资。在香港，必须在 SPAC 首次公开发售后的 36 个月内完成收购目标公司，最长可延期 6 个月。目标公司的市值至少须达到 SPAC 首次公开发售筹集资金的 80%。

如何进行股东投票表决与 SPAC 并购交易？ SPAC 并购交易必须在股东大会上取得 SPAC 股东批准。在 SPAC 成立时，发起人及其他初始股东通常承诺以所持权益（通常占比不超过 20%）投票赞成交易，这会减少通过并购交易额外所需普通股的票数。因此，SPAC 发起人及其紧密联系人会被港交所视为在并购交易中有重大利益，从而必须就并购交易的决议案放弃表决权。

继承公司须委聘至少一名 IPO 保荐人协助进行上市申请。SPAC 并购交易上市文件中的前瞻性陈述与 IPO 的相关规定相同，包括要求申报会计师和 IPO 保荐人就前瞻性陈述做出报告。

如何完成收购？如果并购交易获得通过，收购就会以目标公司被合并入 SPAC 来完成，目标公司便成为上市公司，真正完成装入的全过程。当然，为了保证中小投资者利益不受损害，发起人股份和权证将于 SPAC 并购交易完成后 12 个月内禁止出售。

表 5-1 展示了中国香港的 SPAC 制度，仅供参考。

表 5-1　　　　　中国香港的 SPAC 制度简介

项目	要求
最低集资金额	10 亿港元
最低公众持股量	继承公司须确保：（1）其股份由至少 100 名股东持有；（2）由公众持有的证券中，持股量最高的 3 名公众股东实际持有的不可多于 50%；（3）已发行股份总数至少 25% 要由公众持有
最低发行价	每股 10 港元
投资者的资格	仅专业投资者可认购和交易 SPAC 股份
公开市场规定	SPAC 股份和权证均须分别分发予总共至少 75 名专业投资者，其中须有至少 20 家机构专业投资者；至少 75% 的 SPAC 证券（股份或权证）必须分发予机构专业投资者
交易安排	SPAC 股份和权证由首次上市日起至 SPAC 并购交易完成期间可分开交易
SPAC 并购公告期限	24 个月（如经股东批准，最长可延期 6 个月）
SPAC 并购交易期限	36 个月（如经股东批准，最长可延期 6 个月）
批准 SPAC 并购交易	须在股东大会上取得多数 SPAC 股东批准，SPAC 发起人及其紧密联系人必须放弃表决权
SPAC 并购目标的价值	至少为 SPAC 首次发售筹集资金的 80%

续前表

项目	要求
独立第三方投资	向独立 PIPE 投资者募集的资金须满足以下占比要求，不同规模的 SPAC 并购目标的占比要求不同，切合所需： | 议定 SPAC 并购估值（A）（港元）	独立 PIPE 投资占 A 的最低百分比
＜20 亿	25%
20 亿~50 亿	15%
50 亿~70 亿	10%
≥70 亿	7.5%
＞100 亿	视个别情况而考虑豁免 | 独立 PIPE 投资至少须有 50% 来自至少 3 家机构投资者，其资产管理总值至少达 80 亿港元
托管账户	首次发售所筹集款项总额的 100%
SPAC 发起	须满足适合性和资格的规定，包括要求 SPAC 发起人当中至少要有一家公司，且持有：（1）证监会所发出的第 6 类（就机构融资提供意见）及 / 或第 9 类（提供资产管理）牌照；（2）发起人股份的至少 10%（视个别情况而考虑豁免）
SPAC 发起人的重大变动	单独或连同其紧密联系人控制或有权控制 50% 或以上发起人股份的 SPAC 发起人（或如没有单独的 SPAC 发起人控制 50% 或以上发起人股份，则为单一最大 SPAC 发起人）；持有所规定的证监会牌照的 SPAC 发起人；任何重大变动须在重大变动发生当天起 1 个月内获得由 SPAC 发起人和紧密联系人以外的股东通过特别决议批准，并经联交所批准

续前表

项目	要求
SPAC 董事	SPAC 的董事会至少须有两名第 6 类或第 9 类证监会持牌个人（包括一名代表持牌 SPAC 发起人的董事）
发起人禁售期	由 SPAC 并购交易完成当日起的 12 个月内
赎回权	SPAC 股东针对以下事项的投票行为并不会对赎回股份构成任何影响：管理 SPAC 的 SPAC 发起人的重大变动，或 SPAC 发起人的资格及 / 或适合性有重大变动；SPAC 并购交易；提出延长 SPAC 并购公告期限，或 SPAC 并购交易期限的议案
IPO 保荐人	须为根据《证券及期货条例》持牌或注册可进行第 6 类受规管活动（即就机构融资提供意见）的公司或认可金融机构

　　总体上来看，SPAC 可以提前锁定流动性，然后寻找优质标的，缩短其上市流程和变现流程的时间。这种方式把投行在一级市场的做法挪到了二级市场，也是金融工具创新的一种表现方式。

第6章

透过二级市场看一级投资

二级市场的流动性、参与度和关注度都不是一级市场可以比拟的，毕竟国内有数以千万计的股民，但肯定没有数以百万计的一级市场投资人。说到底，一级市场的公司和二级市场的公司都是公司。

二级市场中的公司规范性更强。而一级市场中的创业公司很多都在水深火热之中，还有很多发展得太快，以至于来不及加强内部管理制度和人员培训，就出现了各种各样的问题。也正因为如此，一级市场的透明度不高，关于估值也是"仁者见仁，智者见智"。二级市场的公开性很容易让一级市场的对标公司"白日做梦"地抬高估值，而理性一点的投资者会比较各种不同后打个两折、三折，再来谈估值。如果企业家还是固执己见，那么估计最后撞到南墙后，他才会发现错过了原来的投资人，他的企业也很快会陷入资金泥潭。

日入7元8角6分，上市公司季报"动态清零"了吗

2022年4月27日，科创板50指数完成了毫无争议的腰斩，率先完成"动态清零"。更奇葩的是，上市不足两个月的首药控股-U（688197，SH）（以下简称首药控股）发布了公司上市后的一季报，交出首年第一份答卷：一季度，公司营收707.96元，日收入7元8角6分，净利润亏损5066.23万元。不得不说，这是一份非常"亮眼"的季报。

对此，股吧里的群众也沸腾了："这季报会不会有点太胡闹了？""707.96元是从哪里赚来的？卖废纸、卖旧办公家具？""营收都不够我水电费的。""这零钱到底怎么来的，是微信还是支付宝付的？"

经过调查，原来是公司卖了一个二手电器才得到了有零有整的收入。真相大白，这至少说明公司的财务审计是严谨的，卖废品的钱没有落入个人口袋而是进了公司账户，且有审计和公告。就凭这点，也要为其点赞。

2022年3月，首药控股完成了科创板上市发行工作，公司新增发行了3718万股股份，每股发行价格为39.90元，募集资金总额为14.83亿元，募资净额为13.74亿元。3月23日，公司股票正式在科创板挂牌上市，然而首日开盘便宣告破发，盘中一度回升

触及 35.98 元 / 股，最终报收于 32.11 元 / 股。此后，公司股价呈持续下滑态势。截至 4 月 28 日收盘，公司股价报收于 17.97 元 / 股，股票总市值为 26.72 亿元，距离 40 亿元的一级市场估值跌去四成，预计上市前最后一轮投资人已经折戟市场。

据首药控股报告说明，2022 年一季度，公司研发投入合计 4611.81 万元，同比增长 40.40%。2021 年一季度，首药控股的营收为 400 万元，净利润亏损 3468.64 万元；第二、三、四季度，公司的净利润分别亏损 3490.66 万元、3432.3 万元、4100.53 万元。

一直以来，科创板为科技创新型企业提供了在二级市场融资的优良土壤，也为一级市场提供了活跃的原动力，引导社会资本投入新兴科技产业。科创板创立之初，在调整上市公司行业结构、体制归属类别、刺激科技类人才创业方面都起到了极大的促进作用。不过，受逐利心态的驱使，在鼓励科技类企业按照五个基本标准上市的大背景下，一级市场资本也开始抬高估值，尤其当面对医疗类、芯片半导体类企业时。这类企业前期研发投入的资本较大，时间相对较长，很难在短期内实现利润。我称这类企业为"慢热行业"的上市公司，适合长线持有，不适合短线套利。别着急，也急不得，综合起来要看公司业务长期发展和技术梯次产品的市场竞争力，绝对不能以一时的业绩来论英雄。

首药控股也正因为有上述特性，才不适合凭业绩上位。"公司是适用第五套上市标准的创新药研发型企业。"该公司相关人士曾如此表示。科创板第五套上市标准为："预计市值不低于40亿元，主要业务或产品需经国家有关部门批准，市场空间大，目前已取得阶段性成果，并获得知名投资机构一定金额的投资。医药行业企业需取得至少一项一类新药二期临床试验批件，其他符合科创板定位的企业需具备明显的技术优势并满足相应条件。"

从另一个角度来看，既然投资者早就知道科创板上市公司的特殊性，那么从买入的那一刻起，就要做好承受研发投入带来的持续亏损状态的准备，心若止水，顺其自然。假如运气不好，投到有可能"不承诺、不拒绝、不负责"的慢热行业的上市公司，只要不是不管不顾，那么在对盈利望眼欲穿而不得的情况下，更要"守得住清贫，耐得住寂寞，抵得住诱惑，经得起考验"。

其实，说到最后，财务和流动性风险也是资金风险。任何企业的发展都离不开资金的支持，资金是企业永续发展的保障，资金风险对企业发展有很大影响。当企业有强大的盈利能力和风险控制措施后，资金筹措的风险就会迎刃而解。对于上市公司而言，再融资工具多样，这在一定程度上降低了流动性风险。所以，无论是什么类型的公司，都需要谨慎选择投资项目并进行科学论证，在项目建设中尽可能采取"边建设、边运营，边输血、边造血"的模式，减少一次性投资过度，早日达到盈亏平衡点。

撕不烂聪明的嘴，别以岭药业的腿

2022 年，网络名人王思聪在其微博上发文，转发视频质疑以岭药业，要求证监会严查以岭药业。一向敢想敢说的王思聪不管是否有的放矢，至少已经把靶心标出来了。接下来就要看以岭药业如何应对了，更要看在扑朔迷离的迷雾中，孰能忍而无需再忍。后来就没了下文。

公民有言论自由，股民有用脚投票的自由，股票也有任你下跌不怕撞南墙的自由。2022 年 4 月 14 日开始，以岭药业股价遭受重挫。事件还在发酵过程中，4 月 17 日，丁香医生发布的《不要吃连花清瘟预防新冠》一文在网络上刷屏；4 月 18 日，以岭药业以跌停价 32.39 元 / 股开盘，这是其第二个跌停板。后来公司股价也没能再创新高，而是缓慢走低，这对公司未来的再融资和扩张都会有不利影响。

真理越辩越明，事实越辩越清。对此，以岭药业发布超千字长文回击。以岭药业表示，公司也关注到了网络相关舆论，相信"清者自清"，并会持续跟踪事态发展情况，必要时会通过法律手段维护自身的合法权益。以岭药业介绍，公司目前已发表实验与临床研究论文 35 篇（国外发表 15 篇），其中《连花清瘟胶囊预防新型冠状病毒肺炎的有效性和安全性研究：前瞻性开放标签对照试验》发表于国际期刊《循证补充和替代医学》(*Evidence-Based Complementary and Alternative Medicine*) 上。该研究结果证实，连花清瘟干预组核酸检测阳性率 0.27%，显著低于对照组阳性率 1.14%（具有统计学意义），密接人群应用连花清瘟可降低新冠肺炎阳性感染率达 76%。由于新冠肺炎毕竟属于近几年新出现的病症，大多数前期研究都没有针对性地给出治疗方法，甚至有的药品之前是用于治疗其他疾病的，后来偶然才被发现对新冠肺炎有非常不错的疗效。

不管结局如何，不管真相如何，这都是一种不同的声音。在混乱不堪又夹杂着污浊利益的时刻，至少有人是清醒的，有人愿意一层层剥开伪装去找寻现实。笛卡尔的怀疑主义并不是怀疑一切，而是怀疑一切可以被怀疑的。科学永远都是站在正确的一方，只要有疗效，有足够多的临床数据支撑，我相信人们都会站在正确的一方。

A股的投资者往往随风而动，而这些风可能是有计划地吹出来的，是往上、往下、往左、往右吹，甚至连偏离主风道15度都是提前设计好的。也会有一些资本在此前就埋伏进去，不管未来事态扩大到什么程度，胜在买入的成本低。这其实就是割韭菜的思路。韭菜的难处在于虽然自己在看消息思考，但没有明白自己为什么会被割掉。"借利好出货、利好出尽便是利空"这类说法只能听听而已，并不能用于实操。

抓住风口，抓住消息，往往就是抓住下坠的船锚，在拟追涨杀跌的同时，能够让你的资产停泊，站在高岗上等解套。悲哀的是，多数炒股人喜欢听的是消息，但忌讳的也是消息，消息的滞后性决定了你永远不是第一个进场的，却有可能是最后一个离场或离不了场的。纵观国际社会，知名的媒体机构都有大宗交易或者二级市场证券基金子公司，原因无他：它们有全世界最快的消息网络。也正因为消息就是金钱，就是效率，在重大消息出现时，操盘的每一秒都是珍贵的，不用比别人快多少，比"众所周知"时买入的人快就可以了。

无论什么时候，对产品的质疑都是值得肯定的，关键还是要看代表谁来质疑。虽然背后可能有利益群体站台，但只要是不好的，就可以站在道德和法律的制高点上对其进行披露和打击。此类现象的出现不是什么闹剧，无非是想在整齐划一的口号中寻找到一个突破点；这也不是为了宣泄，而是想在迷茫无边的规划中寻找一个喊出"停一下"的人。这其实是魅力、魄力、精力的三重挑战，为追求真理者加油。

从京东"自杀式"物流看适合投资的企业家品格

疫情期间，京东"自杀式"物流驰援上海感动了包括我在内的无数人。无论是在一级市场投资还是在二级市场购买股票，这样的企业都是值得投资的，因为有良知，底线比较高。对企业家价值观的认同，也可以算是价值投资甄选企业的一个重要因素了。

我从各个媒体渠道得知了关于刘强东先生的很多故事，就是没有他在大灾大疫面前缺席的故事，他的确是性情中人。大灾大疫面前，性情中人才能做出让人泪目之事。我在《投资人的逻辑》一书中曾经写过一篇名为《企业家的性格决定企业精神》的文章，专门写到了国内知名互联网企业家的性格，其实这也决定了企业文化，进而影响了企业中的员工、高管和骨干。

我国的政策和发展环境有利于成就个人。历史的机遇创造了诸多"独角兽"，成就了千千万万的成功人士，他们在稳定的社会环境里实现了自己厚积薄发、大器晚成、年少成名等各种履历的价值。

天将降大任于是人也，必须有稳定的生存和发展环境加持。很多年前，当国内经济还在发展时，优秀人才移民国外比比皆是，现在有些人总算是熬出了头，都能够找到属于自己的舞台，并展现自己的才华和人品。做人做事都要看人品，做朋友做到最后也是看人品的。

人活在世，能力固然重要，也要看是否有朋友看得懂你的内在。刘强东先生领导的京东，有大无畏精神，在茫茫企业中，挺身而出，找到自己能够做到的切入点，总比夸夸其谈，无所不能而不落地好得多。我说他不怕死，说的是企业精神，大无畏的精神其实是革命的精神，明知山有虎，偏向虎山行。在没有退路的时候，前进就是正确的方向。毫无疑问，京东做到了，刘强东先生做到了。

投资人投的是核心人员和创始团队，创始人的人品也在一定程度上反映在商业品格上。做事光明磊落之人，自然也会像《天龙八部》中的乔峰一样，为人钦佩和敬仰；做事阴险之人，也会像慕容复一样遭人唾弃。不过，我也曾经听朋友讲过几个反证，他认为人品过于好、没有任何瑕疵和弱点的人是无法成功的；更进一步说，人品好可能当不成企业的老大，理由是商场本身如战场，要讲究战略战术。战略上藐视敌人、战术上重视敌人是没有错的。

"兵无常势，水无常形"，兵行诡道只能说是在商海中有策略地消灭敌人，而不能就此推断企业家人品有问题。纵观历史上知名的政商人物，人品好坏其实全看成功的程度，人设也是可以用一些手段和资金去打造的。"眼见为实，耳听为虚"，古人诚不欺我。

各种平台都报道了京东"自杀式物流"支援上海的新闻，京东小哥们都是勇士。这体现了京东的企业文化，因为他们都是自愿报名前往的。他们其实都是平凡人，只不过在一家值得尊敬的企业中做了一件值得尊敬的事情。荣誉感是没有成本的，也是最难获得的。成就感也是一种信念，支撑了企业的成长和民族的脊梁，还能够让人们感受到民族的向心力和凝聚力，万众一心，抵抗所有危难，即使是疫情这种所谓的不可抗力，又能奈我何。

投资是投人，人品在一定程度上代表了公司的发展高度。不管是商人还是义士，遵守商业游戏规则，有良知，有责任心，都能深度影响企业文化。团队是否接受与这样的实际控制人共事，或者在共事过程中是否接受了这样的企业文化，也是投资人非常看重的方面。我们愿意思考什么样的企业家值得我们去长期投资，去为他们的企业和平台消费。以实际行动来支持他们的发展壮大，其实也是一种人格认同的表现形式。

一二级市场倒挂后怎么看一级市场的投资依据

投资机构千千万，创业人士万万千。想要大浪淘沙，沙中捡金，金中选到狗头金，就需要有一些稳定通用的标准。其实，每家投资机构都对要投的企业有自己的标准，关注成熟期的 PE 投资机构，更多的是关注被投公司当前或者未来两年内是否符合现有资本市场准入的政策标准，有的被投公司是确定性已然比较高的，有的被投公司则是靠丰富的想象力才能达到标准的。

其中，上市确定性较高的企业往往比较强势，估值谈判会比较艰难；需要丰富想象力的企业，必须有能够说服投资机构的强大理由，否则就是"画大饼"。作为相爱相杀的投资方和被投方，双方的"画饼"能力都很彪悍，尤其擅长催眠别人和自我催眠。免疫力较强、标准比较明确的 PE 投资机构对这张"大饼"不感兴趣，而偏早期和成长期的天使、VC 投资机构则更看重的是这张"饼"的又大又圆又好看，还顺带描述出企业成长的"金边儿"。

尽管如此，在处于不同阶段的投资人眼里，不同行业的企业有一些重要的、值得关注的共性。一级市场投资最重要的是看团队、看天花板、看商业模式。关于判断企业是否值得投资，我在《投资人的逻辑》《股权投资术》两本书中都有论述，在此不多赘述。现在我们重点说一说价格。

其实，在现在二级市场不确定因素太多的情况下，股价的一二级倒挂据说已经亏到 B 轮投资人了，二级市场破发成为常态。在一级市场选择投资标的有一个更重要的原因，那就是被投标的的"价格"。买东西不问价格或者主动加价，这种操作只有在面对抵挡不住的诱惑时才有可能发生。这种诱惑可能是在数年之后才能够变现的股票，还要面临诡谲多变的二级市场，同时要考虑企业本身所处行业的周期性。

判断本身就是很难的，决策会更难。那些对投资没有敬畏之心的投资人根本不管这套，有时候还有赌气的成分，即使竞争对手要的份额大，加价也要把份额抢过来。我一再强调，投资人别被热闹冲昏了头脑，一定要明白价格一定要与真实价值相匹配，而不是以从众做法来主导投资行为，否则受伤害的不只是基金公司本身，出资的 LP 也会受到伤害。

投资机构可以抱着侥幸心理或者以赌博的方式押赛道、找企业，然后不管不顾地直接切入，但它们并没有想到业内还有很多科学家可以通过企业化融入创业大潮；没有想到还有行业巨头里实操经验丰富的专家顾问能够结合市场数据，快速打磨出适应市场的产品；更没想到，跨界巨头不惜一切代价挖到全世界范围内炙手可热的专家团队，投入有前景的研发中，而且还可能有意想不到的销售渠道支持，能够快速实现造血功能。这几个想不到，都是意识上的"不可抗力"，实际上就是投资机构对风险考虑不足，没有足够宽广的视野。

二级市场是残酷的，基金是有退出期限的，企业团队是有生命周期的，骨干人员是可以跳槽转行的，太多的"不可抗力"都是蝴蝶的翅膀，扇一扇就可能让投资血本无归。有人的地方就有江湖，有江湖的地方就有腥风血雨，商场如战场这件事从来都没有变过，这也是"优胜劣汰，适者生存"的表现，所以应该尽量用中肯的价格拿到值得的投资份额。在安全边际变得虚无缥缈的时候，钱投进去再想拿出来是难上加难。

以下是我在上海科技创业投资（集团）有限公司的办公室墙上看到的投资操作顺口溜，共飨读者：

科创集团众兄弟，以下事项要注意。
国企应把责任担，人民利益重于山。
冲破封锁为目标，自主可控是高招。
科技创新作引领，攻坚破难为使命。
三最七高一个低，投资诀窍记心里。
生态建设最关键，厚积薄发神功显。
信息渠道要打通，自闭保守事不成。
手头资源要共享，事半功倍互帮忙。

遇到疑惑勤发问，信息甄别终成真。

投资要选早小硬，微笑曲线要记清。

行业赛道选得准，动作需要快准狠。

眼到心到手脚到，粗心懈怠不能要。

项目投资串成链，后续资源不会断。

行业分析多对比，多维研判要牢记。

尽职调查须深入，证实证伪要神速。

融资轮次老股东，闪转腾挪常有坑。

估值需看基本面，长期成长是关键。

商务谈判重手段，一谈二慢勤顾盼。

对赌保障要落实，产生损失救太迟。

架起桥梁做通道，投后赋能很重要。

投贷孵保是一体，服务企业须用力。

投招联动是硬功，税收贡献放心中。

投资还须多谨慎，管退更要费心神。

公司品牌要维护，形象提升要投入。

对待客户要多笑，多个朋友多条道。

学会市场去募资，滚动发展乐开支。

投资需要勤练功，持之以恒不放松。

你我今日须共勉，来日定能登山巅。

投资从来都不是容易的事，天时地利人和，样样都少不得。

想要未来不流泪，就要对企业价值有综合、精准的判断，投资后再想方设法地帮助被投企业发展，获得下一轮融资，最终走到退出的那一步，这样才是合格的投资人。

对资本市场来说，S 基金存在的意义是什么

S 基金是二级市场基金（secondary fund）的简称，它以私募股权基金的 LP 份额或私募股权基金的投资组合为主要对象，也可以投资于因流动性、基金期限、收益锁定等因素需要退出变现的优质项目股权，属于专注于私募股权基金二手份额或二手资产的基金。

S 基金是私募股权基金市场发展到一定阶段的重要组成部分，不可或缺，可以将其视为"起承转合"中的"转"。

1984 年，全球第一只 S 基金设立，经过数十年的演变，它已经由最初的"利基市场品种"变成了大类资产配置产品。从 S 基金活跃的 PE 二级市场交易规模来看，这些年来，S 基金保持了强劲的增长。据公开数据显示，目前全球的 S 基金主要分布在北美和欧洲地区。从数量上来看，北美、欧洲占到近九成，全球知名的 S 基金玩家有美国的高盛和黑石、英国的科勒资本、法国的 Ardian。截至 2022 年底，据 Pitchbook 的数据显示，Ardian 前三

只 S 基金的 IRR 保持在 15.6% ~ 17%，稳定性非常惊人，且多个基金管理公司已经完成了 IPO，被二级市场投资人看好。亚洲的 S 基金正在兴起，我国已经有多个创投机构正在 S 基金的路上越走越好。

不同的估值类型是为匹配不同的资产准备的。S 基金作为一只直对份额的基金，把基金产品掰开揉碎来看，投资还是要落到不同的具体企业头上，根据项目组合资产所处行业及阶段的不同，采用不同的估值方法。除了传统的市场价格折扣法外，还有两种估值方法可以使用。一是参考融资价格法。该方法主要适用于一年内发生新融资的项目，重点关注融资价格的公允性、融资额度的大小和投资人性质、融资日和估值基准日，以及项目经营是否发生了重大变化。二是市场乘数法，这是一种使用可比企业相关市场数据来估计公允价值的方法，可使用的市场乘数包括市盈率、市净率、企业价值 /EBITDA 乘数等。如果使用第二种方法，就需要重点关注被投标的公司与可比同业公司的差异性，以及可比上市公司或可比交易估值的公允性。

现在看来，S 基金的投资人以"长钱"居多，包括母基金、主权财富基金、公共养老金、保险公司、家族财富、捐赠计划等。也因为风险巨大，S 基金一般会分散化投资于不同成立时间、不同地域、不同行业板块的基金份额或项目。投资 S 基金，可以快速实现 PE 资产多元化。毕竟，S 基金的组建肯定会大大减缓 J 曲线效应。J 曲线效应是指 PE 在开始运作的早期一般会出现负现金流，这主要是由于新投资、管理费和其他各项费用支出触发的，因此会使基金现金流在早期呈现负数，当基金逐渐成熟时，现金流会转正。S 基金一般是在中后期进行投资，可以很快产生收益，从而较快实现正的现金流。此外，S 基金主要投资于估值正处低谷或已进入上升阶段的项目，获取回报的等待期比较短。

S 基金有不少优势，可以总结为以下几点。一是从单体项目来看，资产的确定性比较高，进行交易的基金份额权益确定性较强，且折扣往往较低，基本可以体现企业资产的价值；二是从项目前期筛选的程度来看，其实等于筛过几遍的项目组合，经过多年的发展和沉淀，项目风险已然充分暴露，比投资新项目风险小，确定性相对高；三是 S 基金的年限跨越所有存量基金的年限，跨越不同行业经历的周期和波动；四是某些作为 LP 的企业家或者机构，因为资管新规的推出和企业本身的经营状况不佳，急于出手 LP 份额，也成为折扣与价值平衡之后的优选。

同时，S 基金面临的风险也很多，项目退出期有的表面时间很短，其实经过背景调查之后，发现项目本身可能属于被掩饰得很好的而无法起死回生的项目，这类项目无法在短期内退出，甚至会影响基金总盘的清算。

S 基金团队成员要有充足的尽职调查经验，不但需要有对投资项目的尽职调查经验，还需要判断投资组合项目运营情况、评估资产价值，重点关注企业的战略规划、团队默契度、市场前景、内部管理、历史业绩、盈利预测、风险控制、退出计划。他们还要对 GP 投资策略、历史业绩、投资人 / 投资条款、项目来源与项目质量、团队稳定与激励机制、团队人脉资源、尽职调查流程、投后管理情况进行尽职调查，并且要制定严格的投前、投中、投后管理控制流程。

S 基金的退出可以通过独立 IPO 上市在二级市场退出，或者被上市公司并购完成间接上市，可由其他新设 S 基金受让此类基金份额，同时还可以在收购项目组合时通过与原有基金管理人签订保障性条款，对于股权持有时间超过预期的项目通过回购退出。也正是因为 S 基金受让基金份额时，基金一般已进入或接近退出期，因此基金自然退出清算的周期相对较短，同时标的筛选时也会对基金投资组合的现金回报、退出时点进行考量，可以主动选择退出较为明确的基金份额标的。

由此看来，在基金产品找不到下家的时候，如果有一个能够懂得产品价值，能够挽回基金产品损失的角色出现，也是能够解除燃眉之急的。不过，商场上一定不会有仁慈的对手方，S 基金一定要赚得盆满钵满才会出手。

芯片行业发展前景巨大

二级市场对半导体芯片股一向追捧有加，这些股票的股价也是连连飙升至新高度。美国在出台了新法案之后，对从事芯片半导体的美国籍科学家进行了限制，这也对我国国内的芯片企业产生了一定的影响。不过这并没有影响二级市场的热情，只是影响了一级市场投资人的投资速度。我有几个投资人朋友，他们投资的很多企业的创始人都被迫离职了，投入的资本能否收得回来也成了未知数。

中国心和中国芯之关联度之深切由来已久。我国对芯片的投入一直都不小，加起来超过数十年数千亿，只不过这些投资似乎没有达到预期效果。我要问以下四个问题：

- 流片和论文是不是成为科研经费的主要诉求？
- 知识产权的售卖价格是否按照成果转化应有的在市场风险和收益平衡点进行的评估，前期投入是否能够得到充分的财务成本补偿？
- 芯片的研究和市场是否真的是匹配的吗？有没有只是为了弥补学术空白而不是市场空白而发生的学术设定？
- 芯片的研究经费是直接投入到企业给研究院的科学家们合适，还是给象牙塔中的博士、博士后们更有价值？

不管是学术科研型人才，还是实干开发型人才，可能并没有测算过投入产出比的平衡点。没有足够的芯片能够满足国产替代，更别说是低中端芯片研究成果的成功转化，我们的投入价值在哪里？靠闭门造车、凭空想象是无法实现技术革新的。

不断试错是芯片行业永恒的话题，也是不变的规律。超过竞争对手两三年甚至五六年的技术水准，永远是一个衡量方法。现在，我们应该下大功夫做的事情是发掘和引进人才。人才、经验和知识的积累是多年以来欧美日韩用资金打造出来的，我们不能小瞧这些资金带来的种种技术突破，我们应该更加重视在资金浇筑之下形成的人才的知识体系和思维方式。这些都能带领国内的一些"领军人物"领悟到在前进中无法领悟到的道理，而不是一味地贬低和诋毁，说他们是在国外混不下去才回来这样的话。时间能够让一个人的见识、阅历、认知境界出现各种大跨度的跃进，也正因为如此，在人才方面，其实更应该花大力气引入和培养。巨头公司在并购某家公司时总是说，买你们几百号人还需要花几十亿美金，直接挖你们过来可能只需要几亿美金。但是由于公司的组织性以及知识产权的归属问题，因此不得不把公司买了，而不是直接挖人。也由此得知，知识产权或职务发明都是有投入成本的。有了各项法律条款的约束，具有稳定性的公司才能带动时代或者国家经济的更新迭代和发展。

不要害怕竞争，竞争永远都在，资本永远都在，关键看你是不是务实，是不是把钱花在了刀刃上。现在，有大市场容量、大发展前景的刀刃也就那一两个，芯片是一个，新能源是一个，乡村振兴是一个，航空航天是一个。抓主流、抓主要方面就可以了。

不管美国对芯片补贴了多少，我国的人才成本、生产成本优势都很明显。希望在不久的将来，我们能够缩短我们与国外巨头的技术边距，实现人才回归、技术革新突破、产业辉煌发展。

一级市场的投资早晚要在二级市场变现，如果二级市场的投资逻辑有变化，估值有被调低的趋势，那么一级市场应该"春江水暖鸭先知"，赶紧把估值调下来。为什么？因为如果不调低估值拿到投资，很多芯片公司连下一个月都撑不下去，人心都散了，哪里还有什么公司可言？之前的人力、物力、财力投入全部都要打水漂。企业家的心气都太高了，已经偏离了他们本身的价值，这是很可怕的事情，很容易形成一种恶性循环，也不利于行业的良性发展。

第 7 章

新业态带来的新投资动态

工业革命时代、互联网时代都是让人向往的造富时代，也是能够带来巨大变化的时代。每个大时代又蕴含了很多小时代的节点，把握其中的投资机会，才最有可能成为时代的弄潮儿。

机会瞬息万变，本章将简单分析那些已经略显峥嵘的行业，有心人可以按图索骥，在身边寻找这类行业和相关企业，找到它们的投资亮点也许就能掌握你的财富密码。新业态带来了新机会，也会带来风险。人们总说"富贵险中求"，但机会和风险都是留给有准备的人的。没有天上掉下来的馅饼，即使掉馅饼也有可能把人砸晕。明白了收益与风险成正比的原理，剩下的就是放下得失心了。

Web3.0：自由、创造、能者多劳

关于 Web3.0 的首次提出者，人们普遍认为是被誉为万维网

标准之王的杰弗瑞·泽尔特曼（Jeffrey Zeldman）。对 Web3.0 最常见的解释是，网站内的信息可以直接和其他网站相关信息进行交互，能通过第三方信息平台同时对多家网站的信息进行整合使用；用户在互联网上拥有自己的数据，并能在不同网站上使用；完全基于 Web，用浏览器即可实现复杂系统程序才能实现的系统功能；用户数据审计后，同步于网络数据。

从历史来看，Web1.0 更多的是展示与浏览，Web2.0 可以用来交流互动，Web3.0 更多的是用来确权，区块链技术的应用也更加成熟，让个体知识有机会具象化传播，并且可以追根溯源。人与物不同，互联网上展现的是物，背后创造者是人。人与物区别之处有很多，Web3.0 实际上要改变的是人物混淆的现象，用更简单的三个词来概括，就是更完整地体现自由、创造和能者多劳。

自由的去中心化去掉的是网站巨擘带来的限制，由网民共同制定规矩，而不是个别互联网巨头来制定，包括毫无理由的删帖，肆无忌惮地掠夺用户的知识并据为己有，利用网民的知识储备和才华去赚取广告的红利。说白了，就是将财富的手柄交到创作者手中，由他们自主地决定是否出售知识，以什么价格出售，以及选择在什么范围内传播。

创造力是无穷的。网民们的智慧是不可小觑的，轻视者必然会搬起石头砸自己的脚。创造既是颠覆，也是财富。创造的内容是迎合于大众，还是活跃于小众，都是由创作者自身的认知和大众的认知共同决定的。创造并非一定有价值，但至少对创造者本人来说，是一种表达的欲望，是一种自我突破的表现。

能者多劳，其实代表两层意思：一种是拒绝大锅饭，智商和利益的倾斜都是正常的；一种是能者做到了，劳动完成了，自然有相应的获得，无论是物质上的还是名誉上的，都需要有对等的获取，这样才是真正的公平。

以上三个要素的作用其实是激发人性进步的欲望，挖掘自身成长的潜力，由此能够带动社会的进步。古斯塔夫·勒庞（Gustave Le Bon）的心理学专著《乌合之众：大众心理研究》（*The Crowd：A Study of the Popular Mind*）解释了"盲目""冲动""狂热""轻信"的群体常见特征，人性与社会性的结合最终呈现出来的就是这些表象。表象背后自然也会有利益团体来推动，人是集群性的动物，在群体中找到存在的价值，放大自身的价值，这是人性的必然选择。Web3.0 在一定程度上放大了人性在互联网上的表现方式，也可以说是为人性搭建了一个完全自由发挥的舞台。人们不受限制且更容易地找到同类人群，慢慢地也会发展成团体，变成真正的志同道合。

被公平对待是网民的最低要求。在被互联网巨擘们掌控的网络世界里，这很难实现。越来越多的创投公司发现，顺应人性自由、去中心化程度更高的 Web3.0 可能成为未来最大的市场机会。为此，蜂拥而入的资本已经等不及了，有很多机构（而且是市场知名投资机构）平均每周投一家 Web3.0 公司。

回到投资的本身，投资机构在一个细分赛道里一般是不会投两家公司的。公司同样不太会选择投资过竞争对手的投资机构作为战略投资人，因为它们担心自己的商业机密和技术要点被泄露。对 Web3.0 这样还没有完全展现蓝图的企业集群而言，乱投一气，掌握无限可能的发展空间反而成了投资机构打破潜规则的理由。大家都在摸索方向，找寻能够发掘 Web3.0 金矿的捷径，也让投资人的做法变得似乎合理。这有点像乱拳打死老师傅，更何况，现在什么做法都是新的，根本就没有规则，更没有门派和老师傅，想象空间巨大已经成为投资 Web3.0 最大的理由。

投资赛道既然已经确定，选择优秀的团队就成为投资成功的决定性因素。投资人在投新兴科技业态时，往往会投那些学霸或者在大厂里职级非常高的工程师。这样的团队会在创业者群体中表现得非常亮眼，多轮次投资中都会获得投资人支持。当然，团队的创业理念和成功可能性也值得称道，不会表现得太差。

元宇宙抢人大战

2021 年作为元宇宙元年，政策、产业、资本的关注不断升级。2022 年 4 月，由深圳市信息服务业区块链协会组织起草的《基于区块链技术的元宇宙身份认证体系》《基于区块链技术的元宇宙支付清算体系》两个团体标准相继发布。不出所料，深圳永远是"试验区"，这是国内首批发布的元宇宙技术标准。深圳此次发布的元宇宙两个技术标准聚焦于数字身份和支付清算领域，旨在推动以元宇宙为代表的虚实融合创新产业在我国的稳健演进与落地，结合国内外元宇宙相关产业发展的新特点，明确元宇宙产业的边界、红线和禁区，进而促进国家相关科技创新能力进一步提升和经济社会良性发展。

元宇宙产业布局广泛，涉及的产业公司数量更是以海量计。深圳作为中国改革开放试验田，总是敢为人先，在对风投和创投有强大激励后，对创业企业和企业家也有大量的政策支持。现如今，更是对元宇宙虚拟世界的标准进行了查勘制定，为很多迷茫已久的产业方指明了未来的发展方向。这是一种摸索和尝试，不管是不是试错，至少有一个主干路是通向元宇宙的。找到大路，剩下要做的就是在实践中不断地检验、纠错，调整，进而形成良好的产业生态。

深圳的例子极其鲜明，别的地方也没有示弱。

2022年，成都、武汉、合肥、海口、保定等地将元宇宙写入当年的政府工作报告，作为重点工作安排。政策力度体现了地方政府对行业的认知，其实体现的是政策制定者背后的智囊团是否有开放的心态，是否随波逐流追风口，是否了解新兴业态带来的活力和前景。

元宇宙作为新生事物，大环境的支持力度给了基建、制造业、内容制作等行业很多拔高的机会。在全球都在竞争元宇宙霸主和领先者的情况下，我们当然也希望已经在科技实力、供应链条等方面达到国际先进水平的中国，能够很好地把人才优势、资源优势发挥好，推动一个新的产业增长点，提升国内科研人员和企业在全球的影响力。可能最有效的方法就是找行业最有可能成功的撕裂地。我们从来不愁找不到突破口，也从来不缺乏突破创新的努力和坚持，缺少的可能是坚持下去的勇气和决心。初心可能出于冲动，后果如何不会在考虑范围之内。换句话说，即使排除千难万险让元宇宙的产业大树不断茁壮成长，最后摘果子的人也可能不是栽苗、种树、施肥和看着它们成才的人。

元宇宙本来就是一个虚拟宇宙，现实的是人才和产业的汇聚。各地争先恐后地发布政策，唯恐漏下哪一条让自己找不到合适的投资人和从业者。这个时候，地方政府对企业投入机器和设备已经不是返投要求的重点，只要投资人根据地方政府能够提供的政策优势，来决定去拿哪个政府的资金作为 LP 来配资，然后带来哪一批创业者，这才是摸清楚政府脉络的因果，也会决定这种投资是恶性循环还是良性循环。关于元宇宙的微信群层出不穷，关于元宇宙的书籍一本接一本地出版，新名词不断涌现，其实大多数人在抄来抄去，在初创的白纸上自己封一个"元宇宙商学院院长"。问世间元宇宙为何物，直教人头昏脑涨。玩着玩着仿佛自己就成了专家。这类"人才"中的很多人没有真才实学，也不是科班出身，凭着一腔热血来忽悠大家，貌似成了"权威"，其实不能一概而论，后续功过有待论证。

随着投身元宇宙的人才和资本越来越多，各地在拼命地招商引资，这也算抢人大战的新起点。真心希望元宇宙的大风能吹得再久一些，雨来得更猛烈一些！

透过产业集群看投资机会

各地产业集群的形成往往源于地缘因素和历史原因，行政区划的分割和变化可能引发集群的转移和升级。随着工业制造 4.0 的舆论引导和政策补贴力度加大，各地开始大规模发展产业集群，打破之前拘泥于历史和地缘的藩篱。除了有功成名就的老乡引入产业之外，还有外资对各地优势的重新研判，外部投资带来的产业带动周边配套集群化。由此会带来大量的产业工人，改变职业院校的专业和师资配比，引发的连锁反应和带来的全方位改变都会超出人们预期。

政府会引导基金扶持产业集群。投资带动产业和产业激发投资既是双向选择，也是双向推动的必然结果。就像投资机会和投资主体有可能同时发生在产业龙头身上一样。产业集群带来的协同效应有时候需要通过股权形式互相加持，确保供应和价格优势也都需要在股权投资与业务合作达到平衡时实现。无论是新兴科技产业，还是传统行业，都需要当地的政策支持。争取国家政策的支持也是大事，不过对于当地的企业来说，上缴的税收就能抵扣相应的补贴支出。如果是制造业，更有可能给当地带来大量的就业机会。政府需要制造业来完善产业结构。有了制造业，才有可能在转型升级中找到突围点，也才有可能借助技术的力量，提升产品附加值，而不单纯靠消费或者贸易来拉动 GDP。靠硬科技发展才是硬道理。

制造业生产的重工业产品是 To B 的典型业态。除了制造业之外，消费服务行业很多属于轻工业产品，To C 的产品居多，源头往往淹没在终端销售的阴影里。投资机构不太会投资生产厂家，国内供应链的完善使产品设计和宣传营销变得越来越重要。商业模式上的创新也会引起投资人的兴趣。国外奢侈品和出口产品的严格要求提升了制造品质，拉动了技术改革的浪潮，也正因如此，才有了低端产品升级，也算迎合了居民消费水平升级而产生的需求。

产业集群对投资机构来说具有非同一般的意义，一方面能够提供海量的早期、中期、后期的储备项目库，另一方面有配套的引导基金可以委托投资机构管理。资金和资产两头都占了，又需要有按照市场化规则运营和管理的投资基金。缺钱、缺项目基本成了投资机构近几年的常态，所以才有大量的员工被裁员。地方政府往往能够完美互补。诸多此类机构见缝插针，不管多么苛刻的返投条件都能够答应，只要能够拿到资金，就有办法挑出投资项目，也有办法能够把外地的投资项目引进过来。原因很简单，项目本身也缺资金，即使搬迁注册地也会有很大障碍，设立一个研发中心或者销售中心还是比较简单的。被投项目设立公司之后，还能与产业集群的同行业或者上下游形成紧密的合作关系，下一轮对外融资的时候，这完全可以被视为战略布局，反映出创始团队的战略眼光。

同质化的金融机构确实无法获得政府的青睐，也只能凭借金融集团的综合实力和与国有企业之间的黏性来带动政府对财务投资人的出资，最后通过引导基金的返投来填补没能在此前给政府带来产业的缺憾。除了有返投完不成的风险之外，我们可以充分信任金融机构的操守，只不过投资回报率的高低就要看主导投资的团队的运气了。

众所周知，投资机构都是关注赛道的，有关注高端制造业的，有关注科技、媒体和通信（technology media telecom，TMT）领域的，有关注医疗健康领域的，有关注新能源领域的，选择某个赛道其实反映了投资机构的团队构成。曾经有人说笑，医疗健康行业的项目在综合类投资机构是最好通过的，因为大家都听不懂，做项目的人都是科班出身的，他们学了七八年的医药专业，而做决策的投委会委员很多都是学金融的，他们做决策更多靠的是对项目团队的信任。既承担了责任又看不懂项目地做了决策是最大的自欺欺人。科班出身的人组成的团队才有可能做出最正确的判断，投资其实也是产业人才的集群，如果没有大量人才、智力的堆积，即使在产业集群丰富的各地，也无法筛出优质的项目过会。专业人才在产业集群地的招聘难度并不大，何况投资机构即使位于大城市，也可以在当地设立分公司，吸收人才与原有团队融合，打开新的局面。

视觉技术给智慧城市带来便捷与安全

2021 年，人脸识别巨头商汤科技在香港上市，终于完成了资本的要求。截至 2023 年 1 月，商汤科技市值约 700 亿港元，成为"修成正果"的细分领域王者。

我有幸在 2019 年参观考察过商汤科技，感触颇深，对其他几家人脸识别独角兽也都有或浅或深的接触和了解。2006 年，杰弗里·辛顿（Geoffrey Hinton）提出了深度学习的概念，为行业打开了新篇章，开启了人工智能的第三波浪潮。通过与最新的人工智能技术结合，不同机器可以完成人类所不擅长的工作。近几年，在视觉识别，尤其在人脸识别领域技术突破的带领下，人类进入感知智能时代。智慧城市需要人脸识别技术，这不仅是为了安全需要，还能使人们的生活更便利。

作为人工智能行业的分支，计算机视觉技术是该领域最早开始商业化、市场规模最大、增速最快的部分，未来 2 ~ 3 年，人工智能市场还将保持每年 40% ~ 50% 的快速增长势头。2016 年 5 月，国家发展改革委、科技部、工业和信息化部、中央网信办制定并颁布了《"互联网＋"人工智能三年行动实施方案》，明确提出要培育发展人工智能新兴产业、推进重点领域智能产品创新、提升终端产品智能化水平。从短期来看，人工智能主要在安防、金融、商业、交通、移动互联网等垂直领域首先开始商业化应用，并呈现快速增长趋势；从长期来看，人工智能是未来服务机器人、工业机器人、无人驾驶等前沿技术的核心，潜在应用领域及商业化空间十分广阔。从市场规模来看，人脸识别行业目前正处于把整体蛋糕做大的发展阶段，市场容量足以容纳数家领头企业，而各竞争者之间尚未出现明显的版图界限。

构建智慧安防体系是维护国家安全、保障民生的重要举措，在维持社会长期繁荣稳定的背景下，国家大幅放缓安防开支增速的可能性很低。从目前的政策方向及国内外形势来看，业内普遍认为我国的治安、反恐及维稳开支还将继续上升。全国范围内的"平安城市"智慧安防体系建设，以及日益加重的反恐防暴任务使相关政府需求在可预见的未来将保持较高速度的增长。作为前沿学科，生物识别技术近年来保持高速发展，商汤科技的人脸识别的准确度从 80% 左右提升至 99% 以上仅用了几年的时间，语音、虹膜等人工智能生物识别技术也在快速迭代中，未来其他生物识别领域的技术突破可能与人脸识别技术的产业化互相结合，各种算法综合起来更有助于保护人们的资产安全。

另一方面，商汤科技的计算机识别技术在智慧商业的应用也会面临爆发式增长，虽然之前还在应用概念阶段，也有大批头部机构找到了财富密码，投了这家龙头企业。由于智慧商业的毛利率高、应用场景丰富、人脸识别调用频次高，因此应该作为阶段性发展的目标市场进行扩展。移动互联网行业是人工智能应用最广泛、普及最快且消费者数据最多的垂直领域。人脸识别目前在移动互联网领域的主要客户包括来自互金、互娱、出行等领域的公司和移动设备生产厂商。该领域的客户最易接受人工智能所带来的变革。人们的购物偏好、付款习惯等也都会在未来的智慧商业中被充分应用，让便利成为人脸识别最快带来的红利之一。

建设智慧城市一直是国家提倡的重要方向，大批资金也都涌入这个领域。数字孪生、传感器、智慧安防、人脸识别、遥感测控等技术也因为智慧城市在全国的建设而获得项目订单，这反过来又推动了技术的发展。

软件技术在没有集成硬件的情况下，利润率确实很高，但是收入总额提升不明显，这令一些想要通过订单来加快上市进度的优质公司非常苦恼，这也会被项目方质疑高利润率，以此来再次进行商务谈判。因此，发展到后期阶段，软件技术企业都会把硬件集成作为打包参与竞标的方案，不但可以增加收入总额，而且能够做低利润率，以免被甲方诟病。对于投资人而言，低利润率其实不代表没有技术含量，技术含量和收入水平可以分开来看。总有一些估值模型可以把两方面收入分开，以此与投委会说事。券商研究所很可能也会以一贯的估值法则，对二级市场的市盈率定位负责，防止一二级市场估值逻辑的错乱和价格倒挂。

数字孪生的生存空间和投资空间有多大

数字孪生（digital twin）是美国密歇根大学教授迈克尔·格里夫斯（Michael Grieves）博士于 2002 年提出的，是充分利用物理模型、传感器更新、运行历史等数据，集成多学科、多物理量、多尺度、多概率的仿真过程，在虚拟空间中完成映射，从而反映相对应的实体装备的全生命周期过程。这个概念非常复杂，实际上就是在一个虚拟场景下，与原有实物或者未来实物相生共存的虚拟呈现。

投资要与时间和风口做朋友。跟新能源一样，数字孪生也是一个绝对的风口，在工业互联、智慧城市和工业建筑等领域，数字孪生的意义巨大：不仅可以节省大量的沉没成本，降低实验产生的实际损耗，更重要的是，还可以不断根据实际情况进行极低成本的调整，无须动用真实的材料，随时随地进行调整。

众所周知，在国内，软件是不太被重视且定义高价格的，但是数字孪生按照同比例节省成本换算，充分体现了数字孪生技术的价值，因此可以在模型搭建和后续调整上收取较高的咨询服务费用。技术人员消耗的时间成本也是算在内的，费用的收取有理有据，纯技术的工作在未来工作验收时也需要有标准。正因如此，数字孪生成了技术人员的新出路，让他们开始受聘于各大高端制造业和互联网大厂的相关部门。

投资首先看行业的天花板。据统计，每个中等城市上报智慧城市项目都需要有 100 亿以上的资金体量，涉及大量的传感器、摄像头等硬件，也涉及软件中的各个模块，有的数字孪生更是要在元宇宙、在虚拟的世界中重建一个城市，为今后城市的规划和设计提供原始素材。我国 1866 个县城以及数百个县级以上单位依次会面临智慧城市改造的问题，从这个角度来看，智慧城市板块的市场容量至少在 10 万亿级别，虽然硬件方面的占比可能超过 50%，但数字孪生的空间仍然巨大。

"工业制造 4.0"这一概念的提出对机器人在生产流程工序中的广泛应用影响巨大，解放劳动力也成为即将到来的老龄化社会的必然选择，而且生产线工人越来越难招，种种原因结合在一起，数字孪生在工业设计板块中的应用会越来越多。国外很多大公司都有百万级别的数字孪生体。工业建筑领域更是已经把数字孪生列入了必备流程中，很多复杂建筑的前期设计已经用到了数字孪生技术。如果只看天花板，数字孪生很可能成为与新能源领域匹配的软件行业的巨无霸。

现在，市场上很多数字孪生科技公司很难实现收入增长，利润基本是负的，而估值仍是高得吓人的几十亿。对投资人而言，其安全边际几乎消失了，还存在很多粉饰财务报表的行为，如虚增收入、关联交易等。那么，投资的选择在哪里？是按照现有估值进入，还是再去寻找赛道上的其他赛马？

智慧城市、工业制造、工业建筑三个领域的巨头由于可以实际接触数字孪生行业，并且能够给其输入订单，它们往往都会在资本层面和业务层面联动。这些巨头不但会按照较低的价格介入数字孪生企业的股权，还可以靠输送业务量给予估值支撑，同时还可以谈业务量带来的股权奖励。这不能算是常规意义上的企业风险投资（corporate venture capital，CVC）操作，因为上游企业本身就是巨无霸级别的上市公司，可以作为长期股权投资在报表中体现，投资主体甚至可以下沉到四五级公司，通过四五级公司实现上级公司相关人员的股权激励。

数字孪生不仅包含新生的科技公司，还包含了传统的传感器和摄像头公司，这些公司都会因为数字"新基建"的发展呈现一定数量级的暴增，当然这也对相关元器件的精度有更高的要求。机会还存在于国产替代的大背景，支持民族产业以及城市信息安全都是要关注的，所以国内企业订单的春天来了。

拿订单也是一门学问，或者你有高于竞争对手几个段位的技术，或者你有较强的股东背景，或者你有获得地方政府资源的便利。还是那句话，即使有足够高的市场容量天花板，天花板下面的肉也不一定轮得到你来吃。企业想要上市，内功要练好，资金还要保证充足，人才不脱节，技术有迭代。每个环节都有保障才能够抱上"大腿"，实现自己的小目标。

投资看的也不是数字孪生企业的净利润和快速扩张期，更应该看企业是否能保持正现金流。企业在项目管理能力的差异、账期和合同的平衡把握能力、现有资金和支出节奏的配合能力、挑选高利润率项目和短操作周期项目的取舍，都是一门学问，而且这些都不是固定不变的。在确定得到资本投入时，企业可以为了冲业绩而接一些长账期、大金额的订单，既保证了有长期的订单，也有了生产的底气。具体的企业经营还是要综合考虑清楚，三思而后行。

短视频和直播的产业链有待观察

文化娱乐最近几年被资本敬而远之，电视剧电影公司的股权投资尤其不被资本待见，是因为资本没办法顺利地赚到钱和安全地退出。

生活方式改变得突如其来又渐行渐远，短视频和直播的火爆正是如此。短视频其实是文化传播的另一种形式，电影屏幕、电视屏幕变成了手机屏幕，更方便于购物、点赞、送礼物，由此也才有了直播的兴起。

夜深人静的时候，不知道多少人在刷着短视频网站，不知道多少人正在看直播、买东西。短视频的内容也在不断丰富，以便留住用户。根据大数据分析出你的喜好之后，讨好般地以你最喜欢的内容留住你也已经见怪不怪了。短视频的兴起改变了下载网站，越来越少的人会下载电影，并专心致志地看完一整部片子。除了跟家人或者朋友去电影院看一看大片，大部分电影都可以在短视频网站上找到，而且剪辑得行云流水，还配有精彩的解说。对投资人而言，视频剪辑者和解说者也是靠知识产权付费和广告费来生存的，只要质量过关，又有网站流量推流，很快这些公司或者个人就会得到投资人的加持。

直播也在改变和升级，现象级的直播是很难复制的。原来的"1、2、3，上链接"的话术虽然能够最直接抓住用户的心理，但是在新东方老师们的降维打击之下，显得那么苍白无力。人们开玩笑地说，免费学到了英语、物理知识，还能白拿一袋大米，何乐而不为？直播的升级也是"忽如一夜春风来，千树万树梨花开"。现象级的直播演变是很难复制的，就像郭德纲说的不让相声演员去直播一样。相声演员们很多学历不高，但是文化水平很高，这充分体现了人可以没有学历，但是不能不学习。偶像也是人，有自己认同的文化；粉丝也要会独立思考，有自己的喜爱边界。某种意义上，直播的方式是企业生存的形式，同时也是一种企业文化。

在手机伴随下一代成长的当前，短视频和直播的内容管控就显得尤为重要。要想实现正能量内容的制作和传播，就需要有优秀的平台和优秀的团队。

好的文化才是文化，坏的文化不能算文化。这就像恶法非法，白马非马。延展一下，《公孙龙子·白马论》说过"白马非马"的故事，其实是鸡同鸭讲，诡辩认为白马不是马，所以不需要交进城的税。

某一天，公孙龙骑了一匹白马要进城买菜囤货。守城士兵说："王法规定，马过城门应当纳税。"

公孙龙说："马过城门应当纳税，但我骑的是白马，白马非马，不应当纳税。"

士兵说："白马当然是马，你应当纳税。"

公孙龙反问道："如果白马是马，那么，黑马也是马了？"

守城士兵说："那是当然。"

公孙龙继续说道："按照你的逻辑，白马是马，黑马也是马，那么，白马和黑马就没有差别了。因此，白马非马。"

守城士兵被公孙龙说得不知如何应对，连连点头，但是不为所动，说："你说得很有道理，但是我是色盲，分不清是非黑白，请你为马匹付钱吧。"

最终，公孙龙为了进城，只得为马纳税。

除了内容制作公司值得投资之外，MCN公司、短视频底层技术的研发公司和因直播带火的消费品公司也值得关注。不过，消费品在直播领域也只是上下游客户关系，属于联系并不紧密的链条。MCN公司作为提供"演员"的推手，还是需要考量一下再下手的。其商业模式其实很简单，有中后台团队做视频内容，有主持人研究一套话术内容带货，推出一个当家的演员或者主播作为盈利主力，培养大量腰部主播来做大基数增强公司生命力。可见无论是MCN公司，还是从业者，都应把延长生命力作为第一要义。

MCN公司不但可以为短视频平台输出演员，而且能为一些主流媒体输出表演角色，也可以为演艺圈提供"弹药"，换句话说，MCN公司已经变成了演员经纪公司，其成本除了前期设备投入之外就是流量的导入。一旦发现主播无法成功，就会果断"止损"，寻找下一个"摇钱树"。不过，MCN公司也同样面临上市困难的境遇，投资机构进入后如何退出依然是个难题。这类公司在国内上市的办法就是被上市公司收购。配合上市公司的产业链，提升销售量，这可能是退出最好的选择。

知识付费行业的兴起带动了社会的进步

讲课、讲书是知识付费的一种常见形式。在喧嚣的社会中有很多碎片时间，三分钟短视频中满是知识的精华，人们喜欢付费听取。知识是无价的，影响的是人的思维方式和思想。世界上最难的是把自己的思想装到别人的脑袋里，这里的"别人"一定是没有为这段思想买单的。正像当年孔乙己讲的"书非借不能读也"，假设没有为知识付出成本，这些知识可能就会左耳朵进右耳朵出，不会有任何停留。

知识付费的时代来临了。无论是逗乐的相声、二人转还是脱口秀，都是一种放松调剂的形式，传授某一垂直领域的知识的付费讲课也同样如此，受众虽小，但人们购买的欲望比较强，如投资课、金融课等。从业者基本有一定的学历，而且购买能力自不必说。

知识付费的动力有两个，一个是好奇心，另一个是上进心。在学生时代，学习是本分；工作后，学习是上进。重视给自己充电的人前途无量。不管是去学校读在职研究生，还是为了转行去读 MBA 和 EMBA，都是有上进心的表现。只要有心，自然就会心甘情愿地付费。

短视频和直播作为新出现的传播媒介，已经让人们适应了视觉和听觉的双重享受，也能消磨在路上和在睡觉前可以"浪费"的时间。知识通过视觉和听觉传播也有了发展空间，众多销售各类课程的网站出现了，但最终站住脚的并不多。各短视频平台也孵化出了大量的知识主播和拟上市的传媒制作公司。知识付费平台知乎更是实现了独角兽上市的梦想。

知识付费需要升级，"优胜劣汰，适者生存"这句话也适用于这个领域。知识主播无非两种，一种是自己输出内容和观点，一种是团队帮忙输出内容和观点。我认为第一种知识主播的职业生命周期更为长久，独立性也更强。对于这两种知识主播而言，虽然也需要收集大量数据，但由于背后团队未必有丰富的工作经历，既无法深层次地发掘出热点事件背后与主播专业人设的联系，又不能深入浅出地用"听得懂"的语言阐述给受众，因此这无形中丢失了流量和受众。

线下主播与线上主播是很不同的，线下主播需要有强大的控场能力，而线上主播有设计好的台词和场景，还可以反复地排练和录制。比起经常在大屏幕上出现的主持人，那些线上主播没有经过专业的训练，没有做好在镜头和观众面前展现自己擅长的心理准备，或者他们本来就没有什么擅长，只是为了"应试"视频主播而临时"抱佛脚"，这种情况并不少见。换个角度而言，这类主播需要学习，需要进行刻意训练，学会有效地输出内容，丰富自己的知识储备和内涵。只要想过自己未来可能转型，就要刻意练习，否则当投资类、金融类线下活动找过来时，无法登上大雅之堂。不学习的主播的职业生命周期可能堪忧，也无法在舒适区内待长久。最重要的原因就是内容不是他们输出的，他们本身的知识素养是欠缺的，撑不起高度。伪"知识"传播者很像被滤镜修饰过，只不过用的是他们从来没过的学识和经验。一亩三分地上原本没有诗书气自华，展现出来的一定是包装后的美好。虽然这些伪"知识"传播者有的功成名就，一旦造假被揭露，很难再坚持下去。直播的下一个阶段主要是去伪存真、去粗取精，把真正有思想、有经验并且能够传播知识的一群人留下，其余人会陆续退场。

知识付费可以理解成为有知识的人付费，当然，潜心传播知识的团队也是很值得敬佩的。希望那些能够带给大家知识的个人和团队都可以在实现社会价值的同时，最大限度地实现自己的个人价值。

第 8 章

后疫情时代投资应关注哪些行业

谁都会经历困境，不管困境与大环境有关，还是与身边的小圈子有关，这都是一种锤炼和成长。被动地承受不如主动地改变来适应环境的变化。找不到出路，看不到方向，晕头转向地发两句牢骚，回顾一下初心，感叹一下不能实现的"雄心"沦为无实际可能的"野心"，这又能带来什么改变呢？我也只能劝一句："牢骚太盛防肠断，风物长宜放眼量。"

短视频、直播、网购等行业火爆，还带火了元宇宙、非同质化通证（non-fungible token，NFT）、VR/AR 设备制造等，让人们能够在娱乐中忘记烦恼，在虚拟中忘记现实。

当前，活着比什么都重要，活着就能有希望，希望比活着更重要。投资更要看到希望，要看到"危"与"机"并存。

保险行业越发凸显投资价值

2019 年以来，新冠肺炎病毒肆虐全球，给全球经济和人们的健康带来了强烈的冲击和伤害。在新冠肺炎疫情出现之前就持有商业保险保单的人也因为购买了相关的住院保险和重疾保险受到了保护，可以说这次疫情又一次提高了大众的保险意识。资本也会注意到这一点，突击而入，这不但能够更稳健地让资金保值增值，还能获得更稳定的资金来源作为支撑，为未来做大基金、进行资产管理夯实基础。

在新冠肺炎疫情这几年里，很多人会因为之前购买了相关保险产品而得到了保险公司的赔付，于是，尝到甜头的人开始为自己和家人购买更合适的商业保险。因此，新冠肺炎疫情除了提高了人们的保险意识，也从以下几个方面给保险行业带来了积极的改变。

第一，新病种的出现激发保险行业推出各种新产品。新病种的出现对人们身体健康的破坏和长期影响给人们敲响了警钟。在医疗保险不能保障后续可能出现的后遗症治疗时，在不知道如何有效治疗时，人们在此类病种上的消费会成为一个未知数。保险公司意识到这既是危机，又是转机和商机。在没有完整数据的情况下，它们竭尽全力将某些病种作为常规产品纳入新推出的重疾等相关产品中。也有很多中小保险公司为刺激人们的消费，通过新产品的推广获客，赚取因为恐惧带来的报复性保险"红利"。作为商业行为，为了吸引客户、让客户变成忠诚的拥趸而推出产品无可厚非，关键还是要把握风险和收益的平衡点，在保持逐利本性的情况下，切实完成客户真实关心的赔偿需求。值得肯定的是，并非所有产品都是"蹭热度"，创新度高，又能够实际地给人们提供健康保障的产品还是值得鼓励的，毕竟，培养普通民众的保险意识并不容易，从这个角度来看，推出新冠保险产品并非制造了恐慌，反而是刷新了人们对保险本身的认知，让人们更加明白商业保险的重要性。这也是保险监管机构喜闻乐见的结果。

第二，疾病的治疗方法和药物的有序研发使得保险数据更加成熟。众所周知，保险产品的诞生一方面是以此类病种对人体健康的伤害频次、大小为基准数据，以此类病种治疗的疗法和药物价格为定价依据，其他因素还包括此类病种是否易发生、是否致命等，这些都是影响精算师的算法和产品推出的重要因素。而当这些数据并不能反映真实情况的时候，贸然推出保险产品一定会给保险公司带来风险，也可能给人们带来不必要的麻烦。不少保险公司经常会参加医疗行业的一些会议，加强与医疗机构和医药企业的联系，以了解更新、更全面的治疗和应用数据，以便为推出更有针对性的产品提供多方面的信息。保险公司已推出产品带来的理赔会使数据更加丰满，也能反向推演出数据的可靠性和真实性，在一定程度上能给产品定位提供有利的线索。在数据逐渐丰富的数年之后，保险公司也打磨出了成熟的产品，自然要把产品设计交给市场。医疗机构和药企其实也需要保险公司，通过商业保险的产品结构约束，把自己生产的药品和治疗方法纳入其中，既能吸引更多的患者来使用，又能进一步获得数据，完善自己的产品。这种双向赋能是非常难得的，更何况两个领域都有着非常庞大的用户和消费体量。

第三，新冠肺炎疫情为保险公司的资产管理带来了投资标的。保险资金的管理一向是每家保险公司提升市场竞争力和盈利能力的关键，保费的收取最终需要以保值、增值为目标。保险公司的资产管理须始终保持稳健的投资风格。医疗健康作为与保险有天生关联的行业，往往是保险公司配置一级或者二级市场资产的重要领域。病痛以及突发性、常规性的疾病都有损于人们的身体和精神。缓解和治疗的方法除了注意饮食和运动调节，最重要的是对症下药，无论是中医还是西医，无论用药还是理疗，都将以标准化的推广来提升治疗细分赛道的市场容量。这不但可以提升主导机构或者企业在市场中的影响力和地位，还能得到保险资管投资的青睐。反过来，作为保险机构，资产配置的多样化是必然的。在固定收益满足监管要求的同时，它们会把一部分"长钱"投出去，以小博大，突破风险偏好临界点，在一级市场上投资一些龙头企业，作为战略投资的股东为其赋能（就是产业方给被投标的赋能），等待企业有朝一日上市，在二级市场实现自己的资本收益。

包括新冠病毒在内的影响全球各国的新病种，考验的不仅仅是各国政府和人民的应对能力，也考验着诸多商业保险机构的应变和研发能力。在市场化程度较高的强竞争领域，商业险种的吸引力可能会引发人们对爆款保险产品的追捧，提高该保险公司的品牌知名度和美誉度，还能变相为保险资产管理提供优质的投资标的，完善资产配置，在满足基本收益的同时，博取更高的资本利得。

丘吉尔说过，不要浪费一场危机。危机即转机和商机。大保险公司想要保持领先地位，中小保险公司想要弯道超车，都必须随机应变，推陈出新，不断打磨新产品，不断积累经验。投资机构也要各取所需，在作为股东的同时，拿到保险资金对自己产品的支持，当然也是有前提的，投资机构在满足监管机构要求的条件下，也能与被投的保险公司"亲上加亲"，可以在满足保险资金作为 LP 的时候，增加进入其投资白名单的可能性。

医疗健康和养老产业强上更强

全球正步入人口老龄化社会。世界上几乎每个国家的老龄人口的数量和比例都在增加。《世界人口展望：2019 年修订版》的数据显示，到 2050 年，全世界每 6 人中，就有 1 人年龄在 65 岁或以上（16%），而这一数字在 2019 年为 11 人（9%）；到 2050 年，在欧洲和北美，每 4 人中就有 1 人年龄在 65 岁或以上。2018 年，全球 65 岁或以上人口史无前例地超过了 5 岁以下人口数量。此外，预计 80 岁或以上人口将增长两倍，从 2019 年的 1.43 亿增至 2050 年的 4.26 亿。

1982 年，联合国大会首次召开了老龄问题世界大会，开始着手处理这些问题，并发布了包含 62 点内容的《老龄问题维也纳国际行动计划》，呼吁在一些问题上采取具体行动，如健康和营养、保护老年消费者、住房和环境、家庭、社会福利、收入保障和就业、教育以及研究数据的收集和分析。1991 年，联合国大会通过了《联合国老年人原则》，列举了 18 项有关独立、参与、照顾、自我充实和尊严等老年人应享权利。1992 年，老龄问题国际会议探讨了后续行动计划，并通过了《老龄问题宣言》。根据该会议提议，联合国大会还宣布 1999 年为国际老年人年，每年的 10 月 1 日为国际老年人日。

2002 年，第二次老龄问题世界大会在马德里举行。为了制定 21 世纪应对国际老龄问题的政策，会议通过了一项《政治宣言》和《马德里老龄问题国际行动计划》。该行动计划呼吁社会各阶层改变态度、政策和做法，在 21 世纪发挥老年人的巨大潜力。其对于行动的具体建议优先考虑老年人和发展，增进老年人的健康和福利，为老年人创造良好的环境。

不管年老还是年轻，都是生命的表现形式。生命的可贵之处在于能够创造性地完成事情，不管处于生命的哪个阶段，属于哪个行业的哪个岗位，都能有自己认可的价值存在，也更能为社会提供大小不一的贡献度。如果健康状况不佳，心理上或者生理上有重疾，会加重自身和社会的负担，从人道主义的角度来看，每个人的生命都是宝贵的，医疗健康养老这个养护维护生命正常存在的行业，便显得弥足珍贵。

不管拥有多少财富，最终医疗健康都会成为人们关注的重点。就像秦始皇为了长生不老而派出徐福寻找长生之法。投资机构的资本很多源于政府或者企业家。出于对生命健康的共识，医疗健康养老行业从来都不缺投资者，这就意味着只要发现新的药物和治疗方法，或者找到能够让老人活得更有尊严的商业模式，就会有大批资本蜂拥而上，毫不吝啬地投入资本。

在当前中国的人口老龄化程度越来越高的趋势下，养老产业成了朝阳产业，很多产业围绕着老年人推陈出新。老年人的需求可以用几个字来概括：身心愉悦，长命百岁。一个是生理和精神的满足，一个是活下去的欲望。《2022 年国务院政府工作报告》提出："积极应对人口老龄化，优化城乡养老服务供给，推动老龄事业和产业高质量发展。"老龄化带来的就是巨大的老年客户群体，很多产业要适时地去改变经营策略。例如，老年大学目前已在我国各个县区级行政区域常态化地存在，现在针对少年的艺术类培训机构遍地都是，而针对老年人的却少之又少，很多老年人只有在去跳广场舞时才能找到些年轻时的感觉。艺术培训是通用的，在政府和民间组织、团体的鼓励下，针对老年人的艺术培训、体育培训的机构开始活跃起来，这些机构不但可以享受一定的政策优惠，还能针对某些专项项目收取学费。而且，老年大学是没有毕业年限的，想学到什么时候都可以，通过老年大学的渠道，还可以为老年人相亲、健康保健等机构提供精准客户。也就是说，老年大学可以作为一个枢纽，聚拢所有适合老年人的服务机构来提供综合服务。

生病的老年人需要护工、保姆、体检服务，这些需求也会成为新产业蓬勃发展的原动力。护士类的职业院校将面临毕业生供不应求的情况，护工和保姆也面临人员不足的情况，因此这些服务产业的需求非常庞大，有大量的机会获益。

养老的压力逐渐增大之后，养老的模式也开始推陈出新，比如现在鼓励社区养老，而不是养老院的集中式养老。社区养老的优势在于老人自己有房子，或者社区本身就有养老类住房，不需要国家大力投入来建设配套设施。在熟悉的环境中生活的老人可以与老朋友们保持良好的关系，也会减少心灵上的孤独感。为了服务好老年人，国家为社会化服务机构或者居委会等基层组织人员提供了大量财政支持，如此等于将养老院化整为零，真正实现了灵活的居家养老。

综上看来，围绕老年人的投资机会会日益增多。一些投资人认为，养老产业和现代农业一样，都属于投入大、回笼资金比较慢的行业。其实不然，在国家的鼓励和扶持的前提下，大量的政策优惠能够缓解这个问题。毕竟，这些产业是为社会和国家分忧的行业，无论政府还是民众都希望社会资本积极参与养老产业。

从阿那亚和爱彼迎的商业伦理聊聊旅游服务业

做研究是为了实践。研究商业伦理的目的在于，在商业领域中建立经济与正义、人道相一致的理想秩序：不仅能促进经济良性循环和持续增长，而且能使商业发挥激励和促进每个人满足需要、发展能力、完善自我的作用，并能将商业整合到社会整体协调发展的大系统中。商业伦理的研究对象是经济活动中人与人的伦理关系及其规律，目标是让经济活动既充满生机，又有利于人类的全面健康发展，并建立合理的商业道德秩序。

阿那亚位于河北省秦皇岛市北戴河新区，既是一个度假胜地，也是一个具有人文气息的海边社区，是北京周边非常惬意的去处。阿那亚项目运作方基于项目的地理位置明确了受众群体，以孤独的美感和远离喧嚣的追求打动在北京打拼亟须释放压力的人们。运作方在精准定位目标消费群体后，通过各种文化活动、微信群等激发其文化认同感；通过建立群居友邻关系，烘托出阿那亚的家的归属感；通过人与人之间的交互行为，赋予房屋意义。

项目运作方除了将阿那亚作为心灵港湾与众多业主分享之外，还把无微不至的服务作为加分项，让业主们愿意为各种服务买单，甚至愿意溢价消费，以防止某种服务和活动因为经济原因中止。这种"用脚投票"的选择权利赋予了业主们强烈的存在感和荣誉感，当然前提还是业主们有明确的需求和充足的经济实力。

人性作为人类伦理的源头，一旦被灵活运用，尤其是被应用到商业伦理中，通常无往不利。运营理念的打磨和产生不易，但最关键的是执行者能否深刻领会相关理念并予以不断修正和实践。阿那亚项目的执行者做得很好，在尊重和满足业主各种精神和物质诉求的服务的同时，还激发了业主自身的创造力，使其愿意把责任感提升到与管理服务执行者并行的状态，这是业主们在相同社会群体中产生归属感并愿意为项目投入金钱和精力的原因，也是项目运营方的聪明之处。

爱彼迎（AirBed and Breakfast，Airbnb）是一家帮助旅行者与家有空置房出租的房主建立联系的服务型网站，可以为用户提供多样的住宿信息。

爱彼迎作为国际旅游服务业巨头，自然也有独特的核心竞争力。通过分析爱彼迎的商业伦理，我发现要想增进租客和房东之间的信任，有以下几个方面值得改进。

一是可以通过增加房东对租客身份、人际关系等真实性的了解来人性化地关照租客，租客也能感受到来自房东的关怀和善意。

二是租客提交保障押金来保障房东的利益不被损害，同时可以购买设计第三方保险产品，并且将购买行为告诉租客和房东双方。如果真的发生房东或者租客的利益损害，都将由爱彼迎来承担，这样可以使双方都放心地租用房间。

三是像支付宝和微信一样设置信用等积分，如果发生不好的事情，可以对用户未来在该平台消费产生影响。若有可能，还可以跟各国银行的征信系统结合起来，在信贷等方面产生对生活的实际影响，借此对不良行为进行约束，也能增进租客和房东的相互信任。

四是增加租住后的相互评论环节，可以让双方进行公开评论，这样也会影响各自在该平台的信用。

从市场容量来看，旅行和日常出行有所不同，旅行的频率不高，但是消费偏高，且消费集中用于住宿。中国的旅游消费群体庞大，市场天花板高，未来有充足的发展空间。

从"上游"房东来看，爱彼迎的模式在国内重要的竞争对象是美团甄选和携程，二者在国内可以提供大概有20多万家民宿和短租公寓，并且日活（排除疫情影响）一直处于上升趋势，且现在有类似青芒果公司这种专门在线下地推民宿的公司，为美团和携程提供"弹药"。现在，爱彼迎已经向很多个体民宿和民宿运营机构开放上线，用流量来带动B端房东的崛起，也会根据大数据推动不同消费群体享受不同价格体系的产品。

从"下游"租客来看，近几年，民宿和短租公寓成为越来越多旅行人士的选项。租客的不同需求如果得以快速满足，就能形成一个稳定的客户群体。而且，随着消费习惯的养成以及部分群体对消费品质诉求的提高，能够消化更多升级版的民宿和短租公寓，反过来也就能促进爱彼迎内部产品体系的进化。

在此基础上，爱彼迎融资后有大量的沉淀资金可以拓展渠道，以及购买衍生平台和产品来打造自己的生态体系，代理托管服务等业务都将是新的盈利增长点，或将支撑爱彼迎走得更远。

后疫情时代，旅游业会迎来报复性增长，消费客单价提升和场景多元化一定会成为趋势。分析投资低点，把握机会，就有可能吃到红利。

乡村振兴是投资的主战场之一

做投资，首先要看产业天花板的高低。乡村振兴的主角是农业，农业是第一产业，而第一产业历来是我国政府最重视的产业，每年政府工作报告的一号文件都是关于"三农"（农业、农村、农民）的。

习近平总书记在十九大报告中指出，乡村振兴战略，农业、农村、农民问题是关系国计民生的根本性问题，必须始终把解决好"三农"问题作为全党工作的重中之重，实施乡村振兴战略。2021年6月1日，我国正式实施《中华人民共和国乡村振兴促进法》，全面实施乡村振兴战略，促进农业全面升级，农村全面进步，农民全面发展，加快农村现代化，全面建设社会主义现代化国家。

政策层面，国务院在《乡村振兴战略规划（2018—2022年）》中明确，实施乡村振兴战略，是解决新时代我国社会的主要矛盾，实现"两个一百年"奋斗目标和中华民族伟大复兴中国梦的必然要求，具有重大现实意义和深远历史意义。按照政策要求，实施乡村振兴战略，要坚持党管农村工作，坚持农业农村优先发展，坚持农民主体地位，坚持乡村全面振兴，坚持城乡融合发展，坚持人与自然和谐共生，坚持因地制宜、循序渐进。巩固和完善农村基本经营制度，保持土地承包关系稳定并长久不变，第二轮土地承包到期后再延长三十年。确保国家粮食安全，把中国人的饭碗牢牢端在自己手中。加强农村基层基础工作，培养造就一支懂农业、爱农村、爱农民的"三农"工作队伍。乡村振兴分为四个阶段，如表 8-1 所示。

表 8-1   乡村振兴的四个阶段

阶段	年份	主题	关键词
第一阶段：解决农民收入过低	2004	农民增收	调整农业结构、扩大农民就业、强化对农业支持
	2005	提高农业综合生产能力	农业税免征
	2006	社会主义新农村建设	工业反哺农业、城市支持农村
	2007	现代农业	现代科学技术、产业体系、经营形式、发展理念
	2008	农业基础设施建设	以工促农、以城带乡
	2009	农业稳定发展	土地流转承包
	2010	统筹城乡发展	社会主义新农村、城镇化

续前表

阶段	年份	主题	关键词
第二阶段：深化土地流转改革	2011	水利改革发展	农田水利建设、阶梯式水价制度
	2012	农业科技创新	农业科技投入、财政投入
	2013	现代农业	土地流转、新型农民合作组织、家庭农场
	2014	农村改革	农村金融、农地改革、农村基础设施
	2015	农业现代化	农村法治建设、农村三大产业融合发展
第三阶段：农村供给侧改革	2016	农业现代化	农业供给侧改革、绿色农业、补齐短板、产业融合
	2017	农业供给侧结构性改革	农业结构调整、农村改革
第四阶段：乡村振兴战略部署	2018至今	乡村振兴	绿色发展、绿色乡村、文化提升、机制创新

　　乡村振兴对第一产业的扶持是全方位的，主要体现在现代农牧业上。现代农牧业一直是国家鼓励和支持的，也是产业资本非常青睐的领域之一。

　　乡村振兴不是喊喊口号，有很多痛点，需要切实地投入资金、人力、精力、物力。村级发展资金缺乏，人才流失严重，外来人才引进不足，落地项目引进困难，硬件设施配套不够，产销联动缺少规划，核心技术缺乏竞争力，核心人员缺少专业性，产品营销没有通路，产业带动没有依托，地方品牌没有打造等，都是日积月累才能解决的难点。小规模资金无法从全局来打开局面，只能依托国有产业集团组建基金或者上市公司来推动乡村振兴目标的实现，构建乡村集体经济发展的孵化平台，打造村级农业产业示范园，塑造数字化乡村，进一步壮大村级经济产业。

农牧业类上市公司一般是以并购基金或者项目基金为主，先在表外募集资金组建基金开发项目。项目一般包括养殖牲畜、种植经济作物和中药等，最后由上市公司并购，购买基金其他 LP 或者 GP 持有的份额，在二级市场完成变现过程。专项基金在农业项目上如鱼得水，有大量央企、国企和地方政府的资金愿意参与，不只是因为涉及民生对社会的稳定性，还有国家和地方政府的补贴政策，投入产出比的总体可观。

以养猪行业为例。为保障市民菜篮子工程，国家出台多项扶持政策，鼓励支持生猪产业发展，稳产保供。有一种健康生猪养殖循环产业链项目是集适度规模化生猪养殖，施用猪粪生物有机肥、有机沼液肥完全替代化肥，配套以蔬菜、薯类、花卉、果树和现代化设施种植原料基地，粪肥还田、有机肥深加工于一体的双绿色循环项目。

现代农业其实已经批量实现规模化和机械化了，农业机械上市公司也针对中大规模土地研发出实用性农机。有了机械化的应用，在汽车上使用的新能源电池、芯片和自动驾驶技术，自然而然就可以配置到农机上，种植业和养殖业的配套还有农药化肥、育种育苗，产业规模扩大，都迫切需要大批的劳动力。职业教育培训、农学院从来都是把农村学生作为重要的生源，不但是因为农业在科技的催化下也成了有技术含量的工作领域，还因为农业的重要性决定了我们不可能对农村人口弃之不顾。

大资金看整个乡村振兴战略的布局，个人资金可视成本和局限性，考虑在一、二级市场布局农业设备、无人驾驶、新能源农业用车、机器人等领域公司，也会因为市场足够大而获得不错的回报。说句题外话，全球都在谈碳中和，中美两国也都制定了自己的碳中和时间表，可是谁也想不到，温室气体排放最多的不是工业和燃油车，而是牛，全球 10.5 亿头牛排放的二氧化碳占全球温室气体总排放量的 18%。这不但比其他家畜、动物排放的二氧化碳高出许多，甚至超过了人类交通工具，如汽车、飞机等的二氧化碳排放量。

2006 年底，世界粮农组织发表了一份关于饲养业对于全球环境影响的报告，报告认为饲养业对于全球气候变暖有很大的影响，规模养殖的牲畜成为巨大的环保阴影，饲养业的粪便排放了大约 65% 的氨氧气体，而在各种养殖业之中，牛的污染程度最大，这是因为牛的屁等排泄物会产出 100 多种污染气体，其中氨的排放量就占全球总量的三分之二，而氨正是导致酸雨的原因。此外，牛在消化或反刍过程中产生大量的甲烷，其甲烷的排放量占全球总量三分之一，这种气体暖化地球的速度是二氧化碳的数十倍。德国中部城镇拉斯多夫的一个牧场，曾发生过 90 头奶牛集体放屁、打嗝，导致牛圈内甲烷聚集而引发农舍爆炸、奶牛受伤的事件。

牛、羊、骆驼等反刍的牲畜，都是减缓全球变暖的巨大阻力。那接下来我们能怎么做？你是否发现这是很大的市场，需要解决全球变暖，不可能给每个反刍类动物做手术摘除几个胃，也不能不让它们吃饲料。至少在养殖的奶牛和肉牛饲料中可以研发一种食品添加剂，让它们少打嗝、放屁，把能量积蓄在牛粪里面，还能用来焚烧发电或者化成腐殖质作为草场的养料。此外还有一种可能，就是研发疫苗，改变牛打嗝、放屁的基因，不过要充分考虑不会影响奶质或者肉质，毕竟牛是人类肉食的主要来源之一，改变基因的方案还是要谨慎为之。

新能源的崛起能缓慢解决化石能源带来的碳排放，新疫苗和新草料添加剂的研发可能也会是一场缓慢的革命，只要研发成功，也能够从多个角度缓减全球变暖的进程。

从美瞳看投资瞄准"00 后"消费市场

每当有企业家说他们企业所属市场的容量有多大的时候，我总是想问一下："您的企业在这么大的市场中能够占到多大份额？凭什么能够异军突起？"美瞳行业是近些年刚刚兴起的细分行业，消费群体普遍年轻，产品横跨医疗健康、消费品和美容数个领域。这个行业的从业者不但需要具备一定的技术含量，更需要有足够强的市场意识。

眼睛是心灵的窗户，需要保持健康状态。国家卫生健康委员会印发的《"十四五"全国眼健康规划（2021—2025 年）》指出，眼健康是国民健康的重要组成部分，涉及全年龄段人群、全生命期。通过政策发布，希望进一步提高人民群众眼健康水平，持续推进我国眼健康事业高质量发展。

美瞳是隐形眼镜产品中的一种，又被称为彩色隐形眼镜、彩色角膜接触镜等。使用美瞳产品的人很多是"00 后"，每周佩戴美瞳的次数和时间也都较长。不过，很多年轻消费者尚未形成科学地佩戴美瞳的意识和习惯。据网络调研数据显示，七成用户会提前了解关于美瞳的知识，但仅有四成用户会在选配美瞳前接受专业验配。根据国家药品监督管理局的规定，美瞳是风险级别最高的第三类医疗器械，需要由专业机构合理选配，以守护眼部健康。

生产美瞳产品的企业之间的商业战争不只是来自产品质量，还有产品的花色、式样和价格，更重要的是要有宣传和销售渠道的支持，背后靠的更是资本的力量。美瞳企业的供应链其实很成熟，生产环节在广东等地区已相当完善，资本挑选工厂进行生产并不难，难的是靠公司运营来做好产品。

人们常说，女人和孩子的钱最好赚。爱美之心人皆有之，特别是受到近邻日本和韩国美妆市场的影响，很多年轻人对精致的妆容有了新的需求。"00后"的钱好赚不仅仅是因为潮流带来的观念改变，还有他们对钱的态度，认为钱只有花了才有意义，花到自己身上更有意义，这种消费观本质上就代表了潮流。占领年轻人的衣柜、梳妆台、卧室、客厅，甚至手机 App，就成了商家的终极目标。很多时候，商品本身不一定代表品质，或者说，年长者眼里的品质完全不能代表"00后"年轻人眼里的品质，就像当年针对茅台的评论，年轻人暂时消费不起茅台，但是未来有了钱肯定会喝茅台，所以这种对于年轻群体乐观的消费预期也是支撑茅台市值坚挺和茅台酒价格稳定的重要因素之一。不过这种现象正在被改变，包括化妆品、饮料、服装等在内的消费品都是以时尚潮流为导向，靠概念和品质而获得了"00 后"的青睐。但消费者的购买视角不能以常理来推断。虽然市场调查可以显示产品的部分市场表现，但是在消费者数量以亿计的前提下，市场调查的可信度也会打折扣。我认为，如果消费品创始团队都是年轻一派，投资人却是被称为"复古型投资人"的机构，这些投资人就有可能看不懂商业模式，也不太相信貌似松散的团队有成功的可能性。正因如此，才有了泡泡玛特被大批知名 VC 集体错过的场景。这种现象在二线城市尤其常见，假设十几人组成的 VC 团队能够静下心来在二线城市潜心挖掘，是有可能找到有潜质成功突围的团队的。

美瞳只是一个切入点，掌握了"00 后"新兴消费群体的习惯和喜好，假睫毛等快消品都是有相同属性的产品。创投 VC 早期就是天使投资人，很多天使投资人早就实现了财务自由，他们可能是淡定得不能再淡定的"审判者"，在接触年轻创业者时，他们很少表现出兴奋，通常事情都在他们的认知范围之内。但他们也有可能会突然兴奋，因为可能碰到了年轻人习以为常，却是自己认知范围之外的新鲜事物。但这种不淡定很少出现，见多识广有时可能更容易让人错失良机。早期投资人从某种意义上说是创业公司的联合创始人或者创业导师，不是因为吃过看过，更是因为这个阶段的年轻人锐气十足，总要有人来泼泼冷水，有人来当个导师，"老气横秋"地当个航向标。假设不能用联合创始人的心态来投资项目，而是不管三七二十一地"撒币"，不求未来赚钱，只求一时阔气，那就是浪费了时间。

PE 比较稳健，等到后期有了利润，上市条件基本满足，市场也成熟了，PE 的额度争抢就开始了，大家各凭本事，各显其能，也总能让 PE 的腰包里赚到不少。毕竟，虽然赚到的倍数降低了，但投入的金额比天使和 VC 大，也算有所收获。以年轻人的心性，假设流动资金充裕，最初创业时 PE 又没有帮过他们，剩下的可能就是看 PE 品牌，以及溢价是否能够让团队满意了。选择发生在此时此刻，既是 PE 们的无奈，也是创业者们的无奈。

预制菜值得投吗

民以食为天。近几年，很多餐饮门店虽然受到了新冠肺炎疫情的影响，但在国家政策补贴和银行对小微企业的支持下，也算渡过了难关。资本在大消费领域还是很青睐餐饮行业的。餐饮企业除了品牌营销之外，最终吸引消费者的一定是好吃，而好吃与否也在于中央厨房的料包做得如何。预制菜找到了生存空间。餐饮的链条之长涉及从田间到餐桌的无数环节，包括种业、化肥、种植、物流等不一而足，在此不再展开来分析。除了上述环节，餐饮门店也是能够看得比较清楚的生意，除了经营管理水平、营销手段，还受口味、地段等的影响较大，开一家店也是一门学问。在此，主要还是想讲一下预制菜的生意。

预制菜是下一代餐饮升级的方向，以工业化、标准化的特点提高了产业效能，是城市化背景下的重要消费转型方向。餐饮对预制半成品的需求不断提升，主要是因为团餐、外卖、便利店鲜食的快速发展和顾客对时效要求带来了对食材标准化需求的提升。预制菜的大行其道确实与外卖行业的兴起有关系，也帮助餐饮企业解决了很多问题。选择第三方预制菜公司进行采购，不但可以降低库存风险，还能通过标准化、规模化的食品采购和生产降低成本，减少流通环节的损耗，节约后厨的人力成本，可大幅提高净资产收益率和资产回报率。

多年前，还有人为了方便面料包中是真的猪骨粉还是假的调味品争论不休，现在人们基本都知道预制菜，全品类 SKU 都有了，净菜、沙拉、果切、速冻肉制品、熟化、调料，只要在食品安全可控风险范围内，都有企业在做。预制菜有的是简单处理之后的蔬菜，也有的是精心调配、不需要太多加工的半成品。总体看来，不管是川湘菜还是鲁菜、东北菜，都已逐步向清淡型、营养型、保健型、开胃型、口味型转变。投资这类企业时，我们需要从以下几个方面进行分析。

一是看被投标的是否注重营销队伍建设。注重营销队伍建设表现在以下几方面：引进高层次营销专家进行市场攻坚，逐步建立覆盖全国各省会城市和众多地级市的销售网络和配送体系；通过细分客户群体结构，以精良的服务赢得高端客户的认可，再用高端客户群体的强大影响力提升品牌影响力，引导普通消费群体的趋同心理；可以把餐饮店作为销售终端，同时售卖自己的预制菜产品，扩大营收。

二是看被投标的是否一直在加强产品安全管理。在生产过程中，企业应该强化产品认证工作，承担更多社会责任，树立良好市场口碑，提升企业形象。除此之外，还需要想方设法提高企业的软实力以对抗市场竞争，建立健全市场信息搜集、传递、分析、处理和反馈渠道，优先把握市场脉搏，及时做出市场反应，抢占市场销售先机，扩大市场销售份额。

三是控制各种风险的能力很重要。关注被投标的季节性、区域性市场需求饱和或过剩、竞争对手、产品安全质量、产品市场价格等风险。企业要通过对预制菜交易市场的信息监控，分析市场预制菜的市场偏好和流向，避开同地区市场竞争，降低区域性市场供应过剩的风险，避免产生负现金流或者坏账、烂账的现象发生。

除了上述三点外，对于预制菜而言，只要是成型的企业，现金流还是很充裕的，也正因为如此，这个行业才逐渐被资本相中并介入。金融机构掌控的基金进入后，对公司的赋能不会很多，不过可以在后续引入 CVC 产业战略投资人，通过股东架构的多元化，在投后管理时让 CVC 产业基金投入进来，充分发挥基金投后管理部门在企业管理、菜品把控、渠道拓展等方面对企业多方位赋能，发挥基金公司在投后管理中的资源协同作用，帮助寻找合作伙伴，进而改善和提升企业的市场渠道、品牌影响力等，通过基金对企业的帮助，进一步提高利润率，拉高投资的安全边际。假设上市公司有利润和收入的渴求，还能够把被投标的装入上市主体，这也是一条非常安全的退出途径。

预制菜带动了冷链物流的快速发展。冷链物流发展和人均可支配收入具有很强的正相关性，当人均可支配收入超过 4000 美元时，冷冻冷藏食品消费和冷链物流建设将进入快速发展期。我国城镇居民家庭人均可支配收入于 2012 年首次超越 4000 美元大关，加上我国人口基数巨大，地大物博，冷链物流的成长空间比欧美日等国家的都要大。

新冠肺炎疫情对餐饮行业的影响很大，却带动了预制菜行业的革新。选择餐饮行业中比较稳健、能够抗风险的投资领域，预制菜这个细分领域依然有投资机会。

附 录

附录 1

1. 普通合伙人（general partner，GP）：有限合伙制基金中承担基金管理人角色的投资管理机构。

2. 有限合伙人（limited partner，LP）：有限合伙制基金中的投资者。

3. 天使投资：权益资本投资的一种形式，指对原创项目或小型初创企业进行种子轮的前期投资。

4. 风险投资（venture capital，VC）：由风险投资机构投入到新兴的、迅速发展的、具有巨大竞争潜力的企业中的一种权益资本，即对成长期企业的投资。

5. 私募股权（private equity，PE）投资：与上述 VC 的定义对比来讲，此处指狭义的私募股权投资。狭义的 PE 投资主要指对已经形成一定规模且产生稳定现金流的成熟企业的私募股权投资。而广义的 PE 投资指涵盖企业首次公开发行前各阶段的权益投资，即处于种子期、初创期、发展期、扩展期、成熟期和 Pre-IPO 各个时期企业所进行的投资。主要可以分为三种：PE-Growth，即投资扩张期及成熟期企业；PE-PIPE，即投资已上市企业；PE-Buyout，即企业并购，是欧美许多著名私募股权基金公司的主要业务。

6. 私募股权母基金（PE FOFs）：将投资人手中的资金集中起来，分散投资于数只 PE 基金的基金。这种类型的基金可以根据不同 PE 基金的特点构建投资组合，有效分散投资风险。

7. 承诺出资制：承诺出资是有限合伙形式基金的特点之一。在资金筹集的过程中，普通合伙人会要求首次成立时先有一定比例的投资本金到位，而在后续的基金运作中，投资管理人根据项目进度的需要，以电话或其他形式通知有限合伙人认缴剩余部分本金。与资金一次到位的出资方式相比，承诺出资制大大提高了资金的使用效率。例如，分三次分别出资 40%、30%、30%，每次出资相隔六个月。如果投资者未能及时按期投入资金，按照协议他们将会被处以一定的罚金。

8. 优先收益：又称门槛收益率。优先收益条款确保了一般合伙人只有在基金投资表现优良之时，才能从投资收益中获取一定比例的回报。通常当投资收益超过某一门槛收益率（有限合伙人应当获取的最低投资回报）后，基金管理人才能按照约定的附带权益条款从超额投资利润中获得一定比例的收益。例如，某 PE 产品规定，在投资人首先收回投资成本并获得年化 5% 优先回报的情况下，获取 10% 的净利润作为超额收益分配。

9. 首次公开募股（initial public offerings，IPO）：一家企业或公司（股份有限公司）第一次将它的股份向公众出售，也就是俗称的上市。通常，私募股权投资机构会期望以合理价格投资于未上市企业或公司，成为其股东，待企业或公司 IPO 后以高价退出，获得高额回报。

10. 并购：一般指兼并和收购。兼并指两家或更多的独立企业合并组成一家企业，通常由一家占优势的公司吸收一家或多家公司。收购指一家企业用现金或有价证券购买另一家企业的股票、资产，以获得对该企业的全部资产或者某项资产的所有权，又或者对该企业的控制权。并购也是私募股权机构的一种主要退出方式。

11. 联合投资：对于一个投资项目，可能会得到多个机构的同时关注，当多个投资机构决定共同投资该企业时，这样的投资方式被称作联合投资。一般来说，联合投资会有领投机构和跟投机构之分，领投机构会负责分析待投资企业商业计划书的可行性，跟投机构则主要参与商议投资条款。

12. 投资回报率（return on investment，ROI）：通过投资而应获得的价值，即企业从一项投资活动中得到的经济回报，涵盖了企业的获利目标。利润和投入经营所必备的财产相关，因为管理人员必须通过投资和财产增值获得利润。投资可分为实业投资和金融投资两大类，人们平常所说的金融投资主要是指证券投资。投资回报率＝年利润或年均利润／投资总额×100%，从公式可以看出，企业可以通过降低销售成本提高利润率，通过提高资产利用效率来提高投资回报率。投资回报率的优点是计算简单。投资回报率往往具有时效性——回报通常是基于某些特定年份。

13. 净资产收益率（return on equity，ROE）：又称股东权益报酬率、净值报酬率、权益报酬率、权益利润率、净资产利润率，是净利润与平均股东权益的百分比，是公司税后利润除以净资产得到的百分比率。该指标反映股东权益的收益水平，用以衡量公司运用自有资本的效率。指标值越高，说明投资带来的收益越高。该指标体现了自有资本获得净收益的能力。

14. 内部收益率（internal rate of return，IRR）：资金流入现值总额与资金流出现值总额相等、净现值等于零时的折现率。

15. 门槛收益率（hurdle rate）。基金设立时即设定的给基金管理人支付收益分成时，基金需要达到的最低收益指标，实际收益达到该最低回报率之后即可获取收益分成，否则基金管理人就不可获取收益分成。

16. 附带权益（carried interest，CI）：基金的投资回报中超过门槛收益率外由基金管理人获取的业绩提成部分。

17. 基金中的基金（fund of funds，FOF）：一种专门投资于其他基金的基金。

18. 管理者收购（management buy-outs，MBO）：公司的经营管理层利用自有或者募集资金购买公司股份，以实现对公司所有权结构、控制权结构和资产结构的改变，是实现经营管理者以所有者和经营者合一的身份主导重组公司，进而获得产权预期收益的一种收购行为。

附录 2

第三方中介尽职调查要素表

1. 基本情况调查	（1）改制与设立情况
	（2）历史沿革情况
	（3）发起人、股东的出资情况
	（4）重大股权变动情况
	（5）重大重组情况
	（6）主要股东情况
	（7）员工情况
	（8）独立情况
	（9）内部职工股等情况
	（10）商业信用情况
2. 业务与技术调查	（1）行业情况及竞争状况
	（2）采购情况
	（3）生产情况
	（4）销售情况
	（5）核心技术人员、技术与研发情况
3. 同业竞争与关联交易调查	（1）同业竞争情况
	（2）关联方及关联交易情况
4. 高管人员调查	（1）高管人员任职情况及任职资格
	（2）高管人员的经历及行为操守
	（3）高管人员胜任能力和勤勉尽责
	（4）高管人员薪酬及兼职情况
	（5）报告期内高管人员变动
	（6）高管人员是否具备上市公司高管人员的资格
	（7）高管人员持股及其他对外投资情况

续前表

5. 组织结构与内部控制调查	（1）公司章程及其规范运行情况
	（2）组织结构和"三会"运作情况
	（3）独立董事制度及其执行情况
	（4）内部控制环境
	（5）业务控制
	（6）信息系统控制
	（7）会计管理控制
	（8）内部控制的监督
6. 财务与会计调查	（1）财务报告及相关财务资料
	（2）会计政策和会计估计
	（3）评估报告
	（4）内控鉴证报告
	（5）财务比率分析
	（6）销售收入
	（7）销售成本与销售毛利
	（8）期间费用
	（9）非经常性损益
	（10）货币资金
	（11）应收款项
	（12）存货
	（13）对外投资
	（14）固定资产、无形资产
	（15）投资性房地产
	（16）主要债务
	（17）现金流量
	（18）或有负债

续前表

6. 财务与会计调查	（19）合并报表的范围
	（20）纳税情况
	（21）盈利预测
7. 业务发展目标调查	（1）发展战略
	（2）经营理念和经营模式
	（3）历年发展计划的执行和实现情况
	（4）业务发展目标
	（5）募集资金投向与未来发展目标的关系
8. 募集资金运用调查	（1）历次募集资金使用情况
	（2）本次募集资金使用情况
	（3）募集资金投向产生的关联交易
9. 风险因素及其他重要事项调查	（1）风险因素
	（2）重大合同
	（3）诉讼和担保情况
	（4）信息披露制度的建设和执行情况
	（5）中介机构执业情况

附录 3

财务顾问协议模板

本协议由下列各方于____年__月__日于中国__省__市订立：

甲方一（融资方）：

地址：

法定代表人：

甲方二（融资方实际控制人）：

地址：

身份证：

联系电话：

以上甲方一、甲方二统称为甲方。

乙方（财顾方）：

住所地：

法定代表人：

鉴于：

1. 甲方一为一家××企业，主营业务为××，甲方二为甲方一的实际控制人。现甲方一、甲方二有意通过股权转让、增资扩股等合法方式引进投资者，并愿意支付财务顾问费用。

2. 乙方系依法成立的投资咨询管理服务公司，愿意协助甲方通过前述约定的方式引进投资者，协助甲方获得发展所需的资金，并收取财务顾问费用。

经协商一致，甲方一和甲方二共同聘请乙方担任财务顾问，并签署本《财务顾问协议》，共同信守。

第一条　服务内容

乙方在担任甲方财务顾问期间，应提供下列服务，包括但不限于：

1.1 寻找潜在的合格投资者通过股权转让、增资扩股等方式，协助甲方引进投资者并获得资金（具体金额以实际引进资金为准）。

1.2 协助甲方与投资者之间的沟通与谈判。

1.3 配合甲方、中介机构与投资者完成相应的投资。

对于乙方协助引进的投资者（包括但不限于机构投资、信托计划、资管计划等），甲方（含甲方的法定代表人或其他授权代表）应及时予以确认。确认方式包括但不限于书面确认文件，电子邮件、微信、短信或其他合法方式。对此，双方初步确定乙方引进的投资者为＿＿＿＿＿＿＿＿＿＿＿＿＿＿＿＿＿以及其指定的第三方（后续发生变化的，以实际引进的投资者为准）。

第二条　财务顾问费用计算及支付

2.1 付费原则：

2.1.1 本次财务顾问服务按实际效果付费。即：乙方引进投资者通过约定方式投资甲方的（包括股权转让、增资扩股等方式，具体金额以最终实际认购金额为准），甲方一应按照本协议的约定向乙方支付财务顾问费用，甲方二对此承担连带支付责任。

2.1.2 该财务顾问费用也可由甲方指定第三方进行支付，但甲方应保证该支付方依照本协议及时、足额支付，并对此承担连带支付责任。

2.2 财务顾问费用的计算：按乙方引进投资者的实际投资金额（包括但不限于股权转让款、增资款或其他投资款等款项的总和）的＿＿＿%计算。

2.3 财务顾问费用按照下列方式支付：

2.3.1 甲方应在乙方引进投资者资金到账之日起三个工作日内一次性支付财务顾问费用。

2.3.2 如果乙方引进的投资者的投资款项系分期支付的，则甲方应在投资者每期资金到账之日起三个工作日内分别支付当期投资资金对应的财务顾问费用。

2.3.3 如果甲方中任一方未能及时足额支付财务顾问费用的，则乙方有权要另一方直接支付但并不免伤违约方的负责义务。

2.4 除非乙方另行通知，甲方在向乙方支付财务顾问费时，均应按时、足额地汇入乙方指定的以下银行账户：

账户名：

账　号：

开户行：

在收到财务顾问费用之日起 10 个工作日内，乙方应向甲方或指定第三方开具发票。

2.5 甲方（含甲方指定第三方）违反其本协议项下的付款义务时，甲方除应继续支付该笔款项外，还应按其应付但未付金额的千分之一 / 日的费率向乙方支付违约金。

第三条　服务期限

3.1 本协议的服务期限为 12 个月，自_____年____月____日起至_____年____月____日止。

3.2 服务期限届满，如因甲方原因、客观原因等非乙方原因而导致本项目延期或甲乙双方协商一致同意的，可以适当延长本项目的期限。

3.3 在本协议终止（或者服务期限届满）后六个月内，甲方如果达成符合如下情况的投资协议：协议下的投资人是乙方向甲方推荐并与甲方接触的或乙方有参与相关谈判，乙方仍有权在投资完成后收取本协议规定的财务顾问费用。

第四条　双方的权利义务

4.1 甲方应向乙方提供必要协助，为所提供的一切资料负责，并保证其真实性、完整性和合法性。

4.2 甲方不应要求乙方做出违反国家和行业法律、法规的事情。

4.3 甲方应按本协议向乙方支付有关费用。

4.4 乙方应本着诚信、高效的职业精神为甲方提供优质的服务。

第五条 保密

甲、乙双方保证在对讨论、签订、执行本协议过程中所获悉的属于对方的且无法自公开渠道获得的文件及资料予以保密。未经该资料和文件的原提供方同意，另一方不得向任何第三方泄露商业秘密的全部和部分内容，但法律法规另有规定或双方另有约定的除外，否则需要承担对方因此而造成的一切直接损失。

第六条 争议的解决

6.1 凡因本协议引起的或与本协议有关的任何争议，甲、乙双方应协商解决；协商不成，任何一方均有权向原告所在地人民法院提起诉讼解决。

6.2 败诉的一方应承担本次争议解决所产生的所有费用，包括但不限于诉讼费用、诉讼保全费用、律师费等。

第七条 其他事项

7.1 本协议经甲、乙双方签字，盖章后生效。本协议正本一式四份，各方各执两份，具有同等法律效力。

7.2 本协议未尽事宜由各方另行协商。

（本页为《财务顾问协议》的签署页，以下无正文）

附录

甲方一：

（公司盖章）

法定代表人（或授权代表）：

甲方二：

（签字）

乙方：

（公司盖章）

法定代表人（或授权代表）：

有人的地方就会有江湖，有钱的地方就会有投资。

本书通过描写大量的身边事，并与投资挂钩，希望大家能够用一种投资思维去思考问题，在日常生活中找到投资的规律，同时培养投资的感觉，对自己的资产负责，对自己的每一个投资行为负责。同时，也想让大家心里都有一根投资的弦，本书的每一篇文章都是拨动这根弦的指尖，愿大家最终都能谱写属于自己的财富华章。

股权投资很简单，与把大象装进冰箱的步骤一致，分为三步：第一步，把钱拿过来；第二步，找出要投资的企业，把钱投进去；第三步，卖掉股份后分享投资收益。

股权投资也很辛苦，各地飞来飞去寻找资金方募资，苦口婆心地劝说各资金方把钱交给自己来管理，然后通过各种渠道寻找项目，并从中披沙拣金，找到看似不错的投资标的，同时产生大量的研究、时间、精力、金钱的沉没成本。一旦真金白银进行投资后就开始心惊胆战，忧虑自己投资的公司出现经营问题甚至倒闭破产，影响了自己的 KPI 考核、业绩以及信誉和名声。待投资标的上市或者被并购后，又到了考验卖出眼光的时刻，开始纠结赚多少合适，别卖亏或赚太少了……

这段极其纠结和辛苦的过程可能贯穿于整个投资领域，也贯穿于我们这些想把投资作为终生事业的人的职业生涯。我们痛并快乐着。我希望借助这本书，大家理解投资人的辛苦付出，并能够躬身入局，在获得更多参与感的同时，也会获得不同于自己之前人生的快乐。

在此，感谢亦师亦友的张喜芳先生为我的新书作序。感谢我的好朋友丁麒铭、邹航、吴海、张予豪、邓斌、王文韬、伏凯、史可新、张金辉、张凡、王耀军、张帆、隋奕、吕世波、王方悦、代宁、纵蕾影、黄山、张运霞、江五洲、师洁、许航、李杨、唐宾、刘耀辉、史赞仑、曹放、刘长勇、胡志伟、陈泽林、吴兆松、王整、李红、兰利东（排名不分先后）等一直以来对我的帮助和支持。

2023 年 4 月
于北京东方广场